Eurus

Notus

武田晴人
Haruhito Takeda

高度成長

シリーズ日本近現代史⑧

Boreas

Zephyrus

はじめに――経済成長神話の誕生

今では日本の経済状態を報じるさまざまなメディアで、「経済成長」が主題となり、「経済成長率」の高低に一喜一憂することは日常的で珍しいことではない。しかし、わずか六〇年ほど前、敗戦から間もない日本ではそうした光景を見出すことはできない。

それは、敗戦の混乱によって経済成長が「遠い夢」だったからではない。「経済成長」という言葉がなかったからである。それまで、人々は経済状態の歴史的な変化をあらわすために「経済発展」という言葉は使っても、「成長」という言葉を使うことはほとんどなかった。それは専門家でも変わらなかった。

経済成長の理論

経済学の専門的な書物で「経済成長」という言葉を書名に含む書物が登場するのは、一九五五年前後のことであった。国立国会図書館の蔵書検索で、「経済成長」という言葉で検索すると、書名にこれが使われている最も古い書物は、高田保馬編『経済成長の研究』第一巻、有斐閣、一九五四年になる。そのなかには、森嶋通夫「成長経済における完全雇傭政策」という論文などが収録されている。また、同じ年に中山伊知郎編『日本経済の構造分析』上下巻が東洋経済新報社から刊行され、荒憲治郎「日本経済の成長率」などが論文タイトルとして成長にかかわる言葉を使っている。専門家の議論で経済成長はキーワードの一つになりつつあったことをかいま見ることができる。

そして、その翌年、のちに『経済成長の諸段階——一つの非共産主義宣言』(原著の刊行は一九六〇年)という、ややセンセーショナルなタイトルの書物を書いたW・W・ロストウの『経済成長の過程』が東洋経済新報社から翻訳刊行された(原著の刊行は一九五二年)。この本は、経済学者たちが経済成長の理論への関心を高めていたことを背景に、歴史的な視点から経済成長と景気循環の過程を描こうとしたものであった。

このような動きに背中を押されるようにして、官庁エコノミストたちも、経済成長への関心を明確にしていくことになる。

国民所得概念の導入

それまで、経済白書などの政府の刊行物は、日本経済の状況を物語るとき、鉱工業生産指数の伸び率を取り上げ、あるいは物価の変動によって、経済活動の全般的なイメージを読者に与えようとしていた。アメリカに留学してケインズ経済学に出会い、早くから日本への紹介に力を尽くした都留《つる》重人《しげと》は、第一回の経済白書である『経済実相報告書』(一九四七年)の執筆者としても知られている。しかし、その都留も、経済成長という言葉をこの白書では使っていない。この時期の経済概況の説明は、たとえば、「鉱工業生産は甚だしく低下し……物価は急騰を続けた」などの表現が常套的なものであった。

そうした状況は取り立てて不思議なことではない。国民経済を一つの単位として、そこで毎年行われる経済活動の総産出量を付加価値によって計る経済統計が整備されなければ、経済成長を成長率によって表現することはできない。鉱工業生産指数や物価指数は、かなり前から統計的な観察が試みられていたが、サービスの生産量や政府の経済活動などを集計量として把握する試みは、ケインズ経済学的な需要管理政策が提唱されるなどの経済学の発展とともに、新しく開発された経済学的な認識手段だった。

経済政策の立案者たちが、このようにして発展しはじめたマクロ経済学の新しい手法に着目し、利用するようになったのが一九五〇年代であった。日本でもこうした新しい流れはただちに学び取られた。

経済安定本部(のちの経済企画庁)がこのような国民経済の集計量について推計に着手したのは、一九五〇年前後の時期であった。そして、国民所得調査室による試算が「白書」に用いられたのは、五一年版に「国民所得と生活水準」と題する項目に推計結果への言及があるのが最初のようである。しかし、そこで問題にされているのは消費支出の戦前との対比にすぎない。そして、こうした統計が毎年積み重ねられても、五五年白書までは、その推計にかかわる説明は、「(昭和)二九年度の国民総生産は前年度より、約三%、金額にして二千億円ほど増え、物価の変動を除去した実質額でも二%ばかり増加した。……もっともこれまでの国民総生産は二七年度が一一・六%、二八年度が一五・八%と急激な膨張を示していたから、それに比べると著しく伸びが鈍った」と書かれている(『昭和二九年度年次経済報告書』)。前年比の増加を見るという捉え方は、すでに示されているが、その前後も含めて「経済成長」という言葉も、「成長率」という言葉も見出せない。

予測された「未来像」

五六年白書において初めて、「高かった成長率の秘密」「成長率の鈍化と投資誘因の減退」などの表現が使われるようになる。この白書はその結語で、よく知られているフレーズ「もはや戦後ではない」に続いて、「われわれはいまや異なった事態に当面しようとしている。回復を通じての成長は終わった。今後の成長は近代化によって支えられる」と指摘することになる。五六年白書が副題に「日本経済の成長と近代化」を掲げたのは、このような捉え方に基づいていた。こうして「経済成長」という言葉は、経済活動の実態を表現する重要な言葉として、人々の記憶に残る「もはや戦後ではない」という言葉とともにデビューしたのである。

しかし、戦後との訣別を宣言したと受け止められたこの白書の記述は、実際には、経済成長の前提条件である近代化の実現が困難な課題であることを予告する意図の強いものであった。予想される困難を強調するという点では、「もはや戦後ではない」という言葉を経済白書の著者が借用したと考えられている中野好夫の評論では、より明瞭であった。それは中野が『文藝春秋』五六年二月号に寄稿した「もはや「戦後」ではない」と題する文章であった。中野は、この評論のなかで、目前に展開する保守合同などによる旧世代の復活に警鐘を鳴らし、戦後意識から抜け出して未来に向かってのビジョンを明確にすべき時期に来ていることを訴えた(『高度成長と日本人』3)。

「旧世代の復活」とは、保守合同を基盤として成立した第三次鳩山一郎内閣の閣僚一八名のうち一三名が公職追放を受けていたことに象徴されるように、戦前期の政治的指導者層の復活が目立っていたことを背景としていた(増田弘「公職追放解除の影響」)。被追放者の政界復帰は、歴代内閣の閣僚に占める比率を徐々に引き上げ、第五次吉田茂内閣(五三年五月成立)では過半を超えるようになっていた。それでも保守合同後の鳩山内閣の七割強という比率は、旧世代の復権を際立って印象づけるものだった。中野は、「もはや「戦後」ではない」と表現することで、戦前との訣別をも含意していたのであろう。新しい世代に未来を託そうとしていた。

その際、中野は、敗戦後に小国となった日本の現実を直視し、アジア・アフリカなどの「小国」に学んで、小国として人々の幸福を実現する理想に向かうべきだと主張していた。このように中野の描いた未来像でも、戦後の終わりとは、時代の新しい精神を求めるという意味で革新的ではあるが、多くの困難が予想される小国として、理想的な国家建設への出発点に立っていることを意味していた。向かうべき未来の困難を予測するという意味では、白書も中野好夫も同じような視線を共有していた。

しかし、このような著者たちの意識とは関わりなく、「もはや戦後ではない」という言葉は、敗戦後の経済復興の苦難からの訣別と受け止められたようであった。とりわけ白書は、その新しい時代にふさわしい、新しい考え方であった「経済成長」という捉え方で、来るべき時代を表現することによって、時代の転換を予告したことになる。

こうして「経済成長」という言葉は、戦後の日本の経済社会を象徴する言葉となった。そして、中野が「もはや「戦後」ではない」という言葉に込めた思いとは大きく異なって、日本は経済「大国」への道をひた走り始めるのである。

スピード狂の時代

もっとも、経済成長という言葉が持つ意味や、それが国民所得にかかわる推計に基づいて示されるものであることを、多くの国民が理解したわけではなかった。まして、それが経済活動の総量を示すものであっても、そこに生活水準の質が反映しきれないこと、推計から漏れる家事労働などの重要な経済活動があることなどは、まったく知られていなかった。人々は、成長という言葉の持つイメージに直感的に反応し、それで計られる日本経済の規模拡大を、まるでわが子の背丈を測る柱のキズのように見ていたにすぎなかったのではないか。

それだからこそ、国民所得倍増計画が公表されたとき、国民の多くは、「所得」とは給料袋の中身だろうというくらいの認識しかもたず、「倍増」とは賃金が二倍になることだという程度に受け止めたにすぎなかった。国民所得の倍増が賃金二倍論と誤認され、期待を高めたことに時代の状況が表現されている。

国民所得倍増計画が公表された一九六〇年から二年後に、林周二が書いた『流通革命』(中公新書)がベストセラーになった。その著書で、林は流通革命の歴史的な必然性を「世相の加速化」という言葉で表現した。加速化する衣食住という例を使って、日常的な商品が時代とともに速いスピードで変化していることを強調した林は、人々の日々の生活の変化が急速になっている実感に訴えることで、高度成長の時代の特性をみごとに描いたといってよい。成長が何によって計られるにせよ、そしてその集計量がどんなものであろうとも、経済成長を意識することは、何よりも変化の量的な大きさとスピード(変化率)に関心を寄せることだったからである。だからこそ、それはしばしば、生活の質についての関心を後景に退けるなど、後には成長経済のひずみと認識されるような問題を伴っていた。

それはともかくとして、『流通革命』が広く読まれたことは、「経済成長」という言葉が、白書に初めて用いられてからわずか六年ほどで、その内容に対する理解は未熟なままに、多くの人たちに肯定的に受け容れられはじめていたことを示していた。

一九九〇年前後のバブル崩壊後、ゼロに等しい低成長率の下で、人々は「高成長経済」の時代を基準に、目前に広がる経済実態を異常と感じ、成長率の回復が何をおいても不可欠であるという言説に疑問を挟む者がいないほどになった。隔世の感があるが、それほどまでに、「経済成長」という言葉は、誕生から四〇年ほどで私たちの日常的な経済観念の中心に座るほどに深く浸透したのである。

本書が物語るのは、このような「経済成長の神話」が日本の人々のなかに深く浸透していった時代のことである。

目次

第1章　一九五五年と一九六〇年——政治の季節

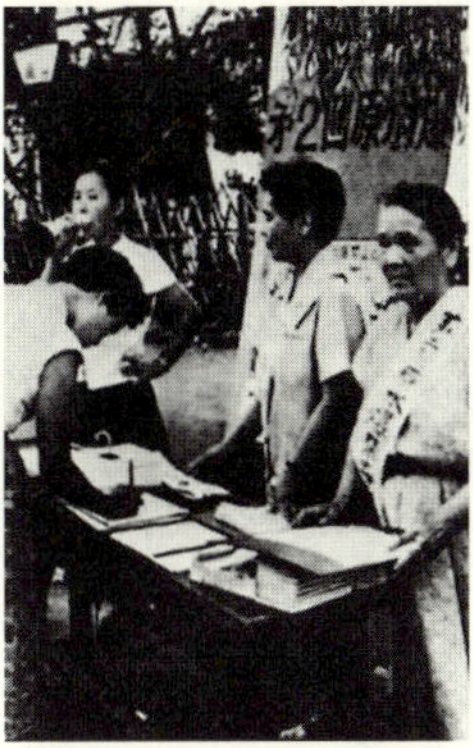

1956年第2回原水爆禁止世界大会に向けて署名運動をする杉並区の主婦（柴垣和夫『昭和の歴史 第9巻 講和から高度成長へ』小学館，1983年）

1　転機としての一九五五年

経済成長という言葉が市民権を得た一九五五年前後は、国際的な枠組みでも、日本の政治体制でも、あるいは日本の経済社会のあり方など、さまざまな意味で転機であった。

国際的な緊張緩和

それは、五三年の朝鮮戦争の休戦に始まる緊張緩和の流れのなかで生じたものであった。翌五四年にはインドシナ休戦協定が成立していた。そして、五五年七月、冷戦のもとでの緊張緩和に幕を開いたと受け止められた米英仏ソ四大国巨頭会談が開かれ、厳しい軍事的な対立を抑制することを主眼とする「ジュネーブ精神」が示された。この会談でソ連のニコライ・ブルガーニン首相が四カ国はいかなる場合にも他に先んじて原子兵器を使用しないことなどを提案し、アメリカのドワイト・アイゼンハウアー大統領がこれに応じて奇襲防止策を提案したからである。冷戦からの「雪解け」と思われたこの会談から帰国したイギリスのハロルド・マクミラン外相は「もう戦争はない」と語り、会談の友好的な雰囲気を率直に伝えた。

この「雪解け」ムードの追い風のなかで、同年六月からロンドンで日ソ交渉がすでに開始されており、九月にはソ連と西ドイツ両国の国交回復のためのモスクワ会談が開催された。

もっとも、このような対立の抑制は、効果的で具体的な成果をただちには生まなかった。軍縮にかかわる交渉は難航し、そのさなかに、核兵器開発を中核とする軍拡競争が激しさを増した。「もう戦争はない」と外相が語ったイギリスも、国防白書で水爆製造に乗り出すことを表明し、また期待されたドイツ統一に関する外相会談も十分な成果をあげなかった。

それでも、巨頭会談が開かれたジュネーブでは、引き続き各種の会合によって緊張緩和への試みが続けられていた。たとえば、五五年八月には世界七二カ国の科学者が参加して、原子力平和利用のための国際会議が初めて開かれ、広範囲にわたって原子科学・技術に関する情報と意見の交換が行われた。変化の兆しに期待がかけられていた。

バンドン精神

冷戦の主役であった東西対立が変化を示すなかで、かってそれらの国々の植民地として支配されていたアジア・アフリカ諸国が、第三勢力として存在感を増していたことも、この時期の世界情勢の新しい動きとして見逃せないものであった。

五四年のインドシナ休戦会議に際して、中国の周恩来首相とインドのジャワハルラール・ネルー首相は「平和五原則」に関する共同声明を発表した。それは、①領土主権の相互尊重、②相互不侵略、③相互内政不干渉、④平等互恵、⑤平和共存、を内容とするものであった。ネルー首相は、この原則に基づいて冷戦のなかで中立的な地域の拡大を図ろうとしていた。

この考え方に基づいて、五五年四月にインドネシアのバンドンで、第一回アジア・アフリカ諸国会議が開催された。参加は二九カ国で、この会議において前述の共同声明を修正した「平和一〇原則」が採択された。政治・経済体制の選択に関しては、社会主義・資本主義、中立主義などの多様性を示しているアジア・アフリカ諸国の代表が一堂に会し、反植民地主義、民族自決、完全独立で一致し、協力を誓い合った。この会議の基調は、第三勢力の登場を示すものとして、「バンドン精神」と呼ばれた。それは、国際情勢の多極化が進みつつあることを示すと同時に、経済的にはまだ発展途上にあったこれらの国々が、国際政治の舞台では無視し得ない発言力を持ちつつあることを実感させるものであった。「はじめに」に紹介した中野好夫の「小国」の理想は、このようなアジア・アフリカ諸国のあり方に共感したものであった。

2　独立後の政治不安

講和条約の背景

これより先、一九五二年四月二八日、サンフランシスコ講和条約の発効により、ありかけ八年にわたる日本占領に終止符が打たれた。しかし、片面講話との批判にさらされるなかで、多くの交戦国との戦争状態の終結という課題が未解決のままに残されていた。

それは、五五年に転換期を迎えるまでの、朝鮮半島における熱戦を含む東西対立の所産であった。というのは、この講和条約が調印された五一年九月前後に、西側諸国は冷戦体制を前提とした軍備強化と同盟の紐帯《ちゅうたい》明確化に動いていたからである。九月一一日からワシントンで開かれた米英仏外相会議では、西ドイツの再軍備を認め、正式な平和条約に代わる平和取りきめを結ぶという方針を決定し、さらに一五日からカナダのオタワで開かれた第九回北大西洋条約機構（ＮＡＴＯ）理事会はトルコとギリシャの加盟を決定した。この流れのなかで、五二年五月下旬にボンで平和取りきめ、パリで欧州防衛共同体条約が調印された。それは、西ドイツの西側への帰属を確定するとともに、統一ドイツ実現の道を遠のかせるものであった。

日米間では、日米安全保障条約が締結された。それは「中国脅威論」に基づき、アメリカが太平洋地域において相互防衛協定を締結する動きの一環であった。日米条約締結前の五一年八月にホノルルで開かれたＡＮＺＵＳ理事会の意義を、アメリカのディーン・アチソン国務長官は「太平洋地域の安全に関する中共の脅威という観点から米、オーストラリア、ニュージーランドの三国の共通の利益と関係も検討した」ことにある、と説明した。それは、アメリカとしてはじめて「中共の脅威」に言及し、太平洋地域の安全保障の重要性を強調したものであった。

さらにアメリカは、フィリピンと相互防衛条約を締結し、ベトナムでの民族独立運動に手を焼いていたフランスへの支援を増大させた。このような動きは、朝鮮半島における休戦協定の難航によってアメリカの危機意識が高まっていたことを反映していた。

つまり、日本の独立は、アメリカの対アジア・太平洋地域に対する戦略展開の一コマとして実現したものであった。そのため、サンフランシスコ講和会議に招かれなかった中国に関しては、アメリカの中国脅威論に同調し、中華民国国民政府(台湾政府)を選択して日華平和条約が調印された。ただし、この交渉では、吉田茂首相は「大陸政策に非常な興味をもつており日本のおかれた地理的条件から、大陸を無視した生存は不可能であるとの見解をもつていた」ために、「国民政府を限定政権としてこれと条約を締結する」旨の吉田書簡をジョン・ダレス国務長官特別顧問に提出した。それは、「吉田首相の考え得たギリギリの線で」「首相の意中には将来の適当な機会に大陸との国交再開をはかりたいという気持が強かつた」と評されている(『朝日年鑑』一九五三年版)。しかし、国交回復はそれから二〇年余り実現しなかった。

日華平和条約の締結に関して、『ワシントン・ポスト』は、「台湾の国民政府はその失政と独裁政治、腐敗によって世界の鼻つまみである。……日本政府がこの国府と条約を結び、国府を中国の正統政府として承認したことは、じつにアジア諸国を友としようとせず、これらアジアの諸民族をみずから非友好的関係においたことを意味している」(一九五二年六月二〇日付)と書いている。アメリカの外交戦略に従った日本政府の決定は、アメリカのなかでも批判されるような評判の悪いものであった(笹子勝哉『政治資金』)。

講和の残した問題

講和条約にはいくつもの問題があった。この講和に不参加であった東側諸国、とりわけソ連との国交回復は領土問題や漁業権問題など重要な課題を解決するためには不可欠であった。しかし、対立の構図の一方に属したことは、その解決の道を遠のかせていた。そのためもあって、国際連合への加盟など国際機関への参加も容易には進捗しなかった。

近隣のアジア諸国との関係の回復にも多くの課題が残っていた。

中国と同じく招聘されなかった韓国との国交回復は二国間協議に委ねられたが、国籍問題、既得権の継続保有などの懸案が解決できず、とくに漁業権問題が紛糾した。そのために、講和発効直前(五二年四月二五日)に日韓会談は打ち切られ、両国間の正式国交は開かれないまま、六五年まで持ち越されることになった。

太平洋戦争によって戦場となった東南アジア地域では、アメリカが提示した無賠償という講和原則に異議を唱え講和条約に不参加となった国々が多く、それらの国々との国交回復も重要な課題として残されていた。

国内的には、安全保障条約の締結と、これに基づく行政協定によって、日本の主権回復に一定の制約が課せられたことが問題であった。とくに、事実上の治外法権を認めたと評された「行政協定」はアメリカの既得権益を守るだけのものであったから、接収等の解除を期待した

図 **1-1**　試射場阻止のため地域住民は着弾地点に舟小屋を建て，座りこみを行った（内灘闘争）（松尾尊兊『日本の歴史㉑ 国際国家への出発』集英社，1993 年）．

人々にとって落胆以外の何ものでもなかった。そのため、無制限使用を政府が認めた石川県の内灘試射場などの地域では反基地闘争が拡大した。そして、固有の領土と認められていながらも、日本の主権の回復が認められず、アメリカ軍の軍事基地として取り残された沖縄や小笠原などの地域については、その「復帰」問題が長く懸案となった。

五二年に朝日新聞が行った世論調査では、講和条約締結について、「明るい気持になった」四一%、「ほっとしたが喜んでばかりいられない」二三%と、全般的には講和・独立を歓迎しているものの、吉田内閣に対する支持は、五二年三月には三三%で、前年九月の講和会議直後の五八%から急落していた（以下この項『朝日年鑑』一九五三年版）。

また、ソ連と講和した方がよいとするものが五四%と過半を超え、中国（中華人民共和国）との関係についても、「このままでよい」一一%に対して、「このままではいけない」五七%と、講和の残された課題について、世論は解決を求めていた。

他方で、アメリカ軍駐留について、「希望する」四八％、「希望しない」二〇％、「仕方がない・どちらでもよい」一六％、「わからない」一六％であったから、基地の周辺の住民はともかく、そうした問題に切実感のない国民の間には、駐留による安全保障はやむを得ないという雰囲気が強まっていた。それは、警察予備隊を国内治安維持のためと認識(三三％)しながら、いずれは再軍備を余儀なくされるという不安を伴っていた。他方で、国民の多くが、軍隊を創設するのであれば、志願兵制度にすべきだ(六四％)と徴兵制を忌避していた。戦争の暗い記憶につながる状況の再現に対しては、消極的ではあるが抵抗の意思が表示されていた。

五二年三月初め、吉田首相は参議院予算委員会での質疑で「憲法では戦力を国際紛争の具に供することを禁じたので、自衛のための戦力は禁じたのではない」と答弁し、同月一〇日にはこれを取り消すなど、再軍備と憲法九条の解釈に疑義が生じていた。このような状況に対して、緊迫した東西対立を反映してか、多くの国民は、政府が憲法をよりどころにしながら、「再軍備をしない」と言明していることに対して、「本当だ」一二％、「口先だけ」四八％、「わからない」四〇％と答えていた。

追放解除と政局不安

五二年五月三日に講和条約発効による独立記念式典が行われた皇居前広場では、二日前のメーデーで流血事件が起きていた。労働運動などを基盤とする革新勢力との対立だけでなく、保革両陣営とも内紛があって、講和をめぐる国内情勢は安定を欠いていた。

このような政治情勢に影響を与えたのは、講和に伴う追放解除であった。五一年暮から五二年春にかけて政府は、政界・財界に関する公職追放の大幅な解除を行った。政界では鳩山一郎、緒方竹虎、岸信介らが政治活動を開始するなど、戦前来の政治的グループが復活し、また、警察予備隊や海上警備隊に対して旧軍人の任用が行われた。とくに、前自由党総裁鳩山一郎の追放解除は、吉田首相との政権授受問題から自由党内の対立を強めた。

これに対して、野党でも元外相重光葵《しげみつまもる》の復権は難航していた改進党の総裁問題を解決し、河上丈太郎の復権が右派社会党の委員長問題に解決の糸口を与えることとなった。このような事情は各党派会派において、それぞれの指導体制の主導権争いを激化させながら、政界再編の動きを生み出していくことになる。

五二年六～七月の第一三通常国会会期末には、与党は内紛に明け暮れて「法律案の審議もそっちのけ」となった。さらに、一〇月の総選挙において自由党は吉田・鳩山両派の激しい党内抗争のなかで、かろうじて過半数を制したにすぎず、翌年三月には鳩山系が分党派自由党(分自党)を結成して分裂し、五月に成立した第五次吉田内閣は少数単独与党内閣となった。このため、各種の政府の施策は滞り、五三年度予算は七月まで暫定予算を余儀なくされた。

経済的には外貨不足のもとで「高炭価、高鉄価」など基礎資材の高価格が経済拡大への制約となり、戦時の国家管理を解体し、地域別の民営九電力に再編成後の電力業でも電源開発の進捗の遅れから計画停電が常態化するなどの電力不足が生じていた。

そのため、財界からは政治的な安定への努力を求める声が強まり、五二年一〇月に石川一郎経済団体連合会(経団連)会長は林譲治自由党幹事長と会見、さらにその翌日、経団連・日本商工会議所(日商)・日本経営者団体連盟(日経連)・経済同友会の経済四団体が「政局安定に関する緊急要望」を決議し、藤山愛一郎《あいいちろう》日商会頭や植村甲午郎《こうごろう》経団連副会長ら財界人六人が鳩山自由党幹部らを歴訪して、政局安定への努力を要請した。

しかし、その後も政局は安定せず、翌五三年四月の総選挙で自由党が過半数を獲得できなかったことから、財界は五月に再度「基本経済政策に関する意見」を建議し、保守政党の連携を求めた。外見的には政策が対立しているように見える場合も、その内実はほとんど保守陣営内部での主導権争いに終始し、十分な政策論議が尽くされていないことに対する批判が生じたのは、当然のことであった。

対立の構図

自由党と改進党の保守二党では、再軍備を主張する改進党に対して、事実上これを認めながら建前としては再軍備に慎重な自由党、という対立の構図であった。この点では、自由党の主張と革新陣営の主張とが近接していたが、経済政策では改進党が資本主義的経済制度を修正した「大きな政府」が必要という認識において革新陣営に近かった。

そうした背景から、五三年四月の総選挙後に浮上した重光改進党総裁を首班とする中道連立政権は、政策選択面からみて十分に可能性があった(中北浩爾『一九五五年体制の成立』)。しかし、この連立工作は挫折に追い込まれた。その結果、再軍備か否かという憲法問題を焦点とした保革の対立が明確化した。それでも、自由・改進両党の対立が険しく、保守陣営を一本化するまでには、まだ時間が必要であった。

他方、革新陣営では、講和会議の評価をめぐって社会党が分裂していた。講和条約にも安保条約にも反対する左派に対して右派は講和条約にのみ賛成するという状態であった。この分裂は、国鉄労働組合(国労)・全逓信労働組合(全逓)・日本教職員組合(日教組)を中核とする日本労働組合総評議会(総評)主流派(左派)が平和四原則(全面講和、中立堅持、軍事基地反対、再軍備反対)に基づき、講和条約に対する反対を貫いたためであった。総評左派が結成した「労働者同志会」は、五一年一〇月の臨時党大会で社会党左派を分裂に踏み切らせた。これが、社会党左派と総評との密接な関係の起点であった(升味準之輔『日本政治史4』)。

他方で、社会党右派は、独立は自衛力の整備を前提とするという考え方に立っていたから、「再軍備反対」を含む平和四原則の受け容れを拒んでいた。右派は、日本が西側陣営に帰属することを前提に、国際共産主義の脅威などを指摘して自衛力整備を政策目標に組み入れ、共産党と一線を画することを主張していた。この深刻な意見対立からみれば社会党の分裂は自然の成り行きであった。

戦後、政治的影響力を増した日本共産党は、党内の路線対立によって内紛と混乱が続き、講和前後には火炎ビン闘争や山村工作隊を組織するなどの方針によって、その運動は大衆的な基盤を次第に失っていった。その後、五五年に共産党は、第六回全国協議会(六全協)を開いて、それまでの運動方針に終止符を打ち、大衆的な運動を基盤とする民族解放統一戦線へと路線を転換した。

相次ぐ疑獄事件

政治的な混乱は、さらに保守政権の腐敗が表面化することで、混迷の度を深めた。五三年一〇月に発覚し政治問題化した保全経済会事件と、翌五四年一月に明るみに出た造船疑獄事件とが、それである。

特殊利殖機関として全国二〇七カ所に支店網を展開し、中小商工業者や農漁村などで一五万人から四五億円の出資資金を集めていた保全経済会は、五三年一〇月に配当不能のために休業状態となった。司法当局は詐欺容疑で捜査を開始したが、同会は政界に多額の政治献金を行っているといわれていた。このような黒い噂について衆議院行政監察委員会では五三年末から調査を進め、翌年二月には平野力三《りきぞう》(社会党右派)、早稲田柳右衛門(改進党)両代議士をはじめとする証人を喚問した。その席上で平野力三から「保全経済会の伊藤(斗福)理事長らから、自由党の広川弘禅《こうぜん》、池田勇人《はやと》、佐藤栄作、改進党の大麻唯男《おおあさただお》、旧鳩山派の三木武吉氏らに寄金が行われたと聞いている」（『朝日年鑑』一九五五年版）という証言があって、にわかに政治問題となった。

問題の焦点は、①相当数の政治家が同会に顧問等の肩書を貸して資金募集を援けた疑いのあること、②保全経済会および類似の金融利殖機関に対する保護立法運動にかかわって贈収賄の疑いがあったことで、この②に関連して、その当時の大蔵大臣池田勇人への証人喚問が野党側から要求された。しかし、これをめぐる各会派の対立が容易に解けず、二月中旬には一時的な冷却期間をおくことになった。

その後、争点の池田喚問が実現しないままに、国会での議論は、政界に波及した造船疑獄事件へと移った。江戸橋商事森脇将光社長の告発（五三年八月）に端を発して逮捕された日本特殊産業猪股功社長の自供から、山下汽船、日本海運、日本通運などに対する不正浮貸し事件が明るみに出たからである。五四年四月の山下汽船横田愛三郎社長の逮捕によって確証をつかんだ司法当局は、計画造船の割当と利子補給法の成立をめぐって海運業界から多額の贈収賄があったとして摘発に踏み切り、有力造船会社の幹部や運輸省官房長を逮捕した。さらに、二月中旬には有田二郎自由党副幹事長が逮捕され、吉田内閣の責任が問われる深刻な政治問題となった。また、同じ時期に日本交通公社、鉄道弘済会本部、帝都高速度交通営団などが一斉手入れされる「陸運疑獄」も表面化した。

このような事態に対して、国会では、二月一九日の衆議院決算委員会で森脇社長が「造船利子補給法の成立の前後、政、官界要人が業界幹部と料亭街で会つた事実がある」と陳述、さらに二二日の同予算委員会では、改進党中曽根康弘が「石井(光次郎)運輸相、大野(伴睦《ばんぼく》)国務相が業界から金を受取つている」という暴露的質問をするなど、厳しい追及が続いた(同前)。

その後、二月下旬から池田自由党政調会長、岡崎(勝男)外相、佐藤自由党幹事長などへの任意の取り調べが続けられ、これを機に吉田内閣を総辞職に追い込もうとする野党の追及が一段と強まった。佐藤幹事長などの逮捕は時間の問題と受け止められていた。

四月中旬に捜査の最終段階を迎えた検察庁は、佐藤自由党幹事長の逮捕請求を行う方針を決めた。しかし、これに対し犬養健《いぬかいたける》法相は二一日に吉田首相らの意を体して、検察庁法第一四条に基づいて指揮権を発動して逮捕延期を指揮した。この異例の措置をきっかけに、吉田内閣への批判は一段と強まった。指揮権発動により佐藤逮捕が阻止されたために、事実上、疑獄事件の捜査は崩壊した。政界関係では取り調べを受けた者が約一〇〇名におよんだにもかかわらず、贈収賄容疑での起訴五名、政治資金規正法違反容疑での起訴一名にすぎず、ほとんどが起訴猶予ないし不起訴処分となった。それから一〇年余の間に、疑惑の渦中にあった池田・佐藤が相次いで内閣を組織することになったから、この造船疑獄の終結の仕方は、戦後政治の行方に重大な影響を与えたということができる。

朝鮮戦争の特需によって復興のきっかけを得た日本経済は、休戦による特需消滅が、復興の足下をすくうのではないかという不安に陥っていた。資源が不足している日本経済の自立には、原材料の輸入が必要であり、そのためには外貨が不可欠であった。しかし、その外貨を稼ぐ輸出は産業の競争力に乏しく、日本品は「安かろう悪かろう」と海外市場で評判が芳しくなかった。それだけでなく、戦前日本で重要な輸出地域となっていた中国や東南アジアは、賠償問題の未解決や国交回復の見込みが立たないなど、市場として多くを期待できなかった。

特需消滅の不安

そうした弱点を補うことが期待されたのが、アメリカの防衛力強化要請とともに浮上した相互安全保障法(Mutual Security Act 五一年一〇月成立)に基づく援助(MSA援助)問題であった。ダレス国務長官は五三年七月、上院で日本の一〇個師団創設構想について証言し、さらに翌月訪韓の帰途に吉田首相と会談して防衛力強化を要請した。この要請は、日米間の交渉開始を受けて、「防衛の増強計画の提示とMSA援助額の決定とがいわば取引関係にある」(『朝日年鑑一九五四年版』)といわれたように、日本の経済的な弱点を突いたものであった。

かねてからアメリカ側は、MSA援助を同盟国の防衛力増強の重要な手段となりうると考えていた。六月の下院聴聞会で「MSA援助を日本に与えれば、終局的には米国の経費節減となる。米陸軍の日本駐屯を継続するよりもMSA援助の方が五倍ないし一〇倍経済的である」とフランク・ナッシュ国防次官補が述べたのが、このアメリカ側の意図を明確に示していた（前掲『一九五五年体制の成立』）。

吉田内閣は、特需の減少を補うものとしてMSA援助に期待していたが、それが防衛力強化を条件とする場合には財政的な負担が大きいと抵抗し、経済力の強化を優先し、経済力の向上に応じて防衛力を漸増させることを求めていた。「軽武装・経済重視」が吉田の考えていた基本路線であった。一〇月に吉田首相の特使として派遣された池田勇人は、ウォルター・ロバートソン国務次官補との会談において、「防衛力五カ年計画池田私案」を提示したが、明確な合意を得られないままに共同声明を発表した。

図 **1-2**　自衛隊の創設当時『読売新聞』(1954 年 3 月 7 日)に掲載された西村晃一の風刺漫画(岩崎爾郎・清水勲『読める年表・別巻　昭和の諷刺漫画と世相風俗年表』自由国民社，1984 年)

私案は陸上兵力を翌年度から三年間で一八万人体制に増強することなどを内容とするものであった。それは、池田と大蔵省の側近グループが作成したもので、保安庁は関与していなかった。ここに経済重視の日本側の姿勢がにじみ出ていた（佐道明広『戦後政治と自衛隊』）。こうした交渉を背景にしながら、国内では五四年七月に防衛庁と陸海空自衛隊が創設されることになった。

外貨の不安だけでなく、経済面での懸案は山積していた。とりわけ戦後改革の影響を受けた諸制度に対する経済界の不満は強く、独立前後から始まった占領政策の見直しでは、独占禁止法の改正や独立行政委員会制度の廃止などが実施された。誕生間もない公益事業委員会が廃止され、教育委員会が独立性を失い、戦前同様の所管官庁による権限が回復した。その一方で、独占禁止法では、カルテル規制などについての条件緩和が実現し、以後、合理化や不況対策などを目的としたカルテル活動や、独禁法適用除外法の制定が模索されることになった。

他方で、激しい政治的な対立を反映して、社会党などの革新勢力の基盤となった労働運動では、依然として厳しい対立の季節が続いていた。総評は既述のように左派が主導して平和四原則に集約される政治的な要求を強めており、同時にストライキを主要な運動形態とする厳しい対決姿勢が労働運動を支配していた。これに対して、経営者側は経済同友会などが敗戦直後に提唱した労使協調的な企業民主化論から離れ、経営権の回復をスローガンにして対決姿勢を強めていた。それが、議会での保革対立を一層強めた。

3　保守合同と五五年体制

一九五三年秋から懸案山積の状況のなかで、政局混乱の収拾策をめぐって、保守と革新との二大政治勢力がそれぞれ再結集の方向を模索し、新しい政治体制を構築していくことになった。

政界再編成の動き

保守側では、自由党の分裂(五三年三月、分党派自由党結成)によって議会において劣勢に立たされた吉田首相が、九月末に重光改進党総裁と防衛問題を中心に意見を交換し大筋で一致を見たのを契機に、自由・改進両党の連携・連立の構想が企てられた。この構想は、改進党の内部に反対があって、一二月に重光総裁が「自由党とは政策が一致すれば協力するが、吉田内閣とは連立しない」(『朝日年鑑』一九五五年版)との所信を表明して立ち消えとなるまで、政局の動向を左右する焦点の一つとなった。

その一方で、吉田首相は、一一月中旬には鳩山分自党総裁を訪問して分自党の無条件復党を要請し、同日の会談で憲法調査会の設置、外交委員会の設置等の争点について譲歩の姿勢を示した。鳩山総裁はこれを受け入れ、一一月末までに一部の強硬派を除いて分自党の復党が実現したが、この再結集の動きは、翌五四年に始まる保守合同問題の序曲にすぎなかった。

保守側の動きに対応して、左右両派社会党も歩み寄りの動きをみせ、一〇月には両党委員長・書記長会談が開かれ、国会での共同闘争強化を申し合わせた。もっとも、その後しばらくは、両党の基本路線に関する対立もあって積極的な動きはみられず、五四年一月の党大会では

図 1-3　1954 年 6 月 3 日，衆議院の会期延長をめぐって乱闘する与野党議員（辻清明『図説 日本の歴史 18 戦後日本の再出発』集英社，1976 年）

それぞれが「社会主義政治勢力の結集」を議題とし、統一のために努力するという方針を決議するにとどまった(同前)。

吉田首相の退陣

こうした状況のなかで、五四年一月に政治問題化した保全経済会問題と造船疑獄事件によって、国会内での与野党の対立が激化し、六月には憲政史上未曾有の国会乱闘事件が起こり、国民の政治不信は一段と高まった。

これに対して、与党自由党では三月末に緒方竹虎副総裁が局面の打開策として「保守合同」に関する構想を発表した。これをきっかけに、保守合同に関する論議が活発化し、五月末には、自由党・改進党・日本自由党の三党派による正式折衝が開始された。しかし、自由党主流派が吉田内閣の強化をねらっていたのに対して、吉田退陣が新党結成の前提との反対が強く、三党派の折衝は総裁問題でまったく頓挫してしまった。

その後、新党結成を目指す動きは七月三日に自由党反吉田派と改進党の自改連携派を中心とする新党結成準備会(のち新党結成協議会と改称)を結成し、吉田内閣との対立姿勢を強めた。

九月になると、鳩山一郎を中心とする保守新党結成の動きが本格化し、一一月二四日に、自由党の岸派・鳩山派、改進党、日本自由党が結集して、日本民主党の結成大会が開かれ、保守政界は、自由・民主に二分される状況となった。

解散・総選挙という強硬方針に固執していた吉田首相は、自由党内の大勢を入れて一二月七日に内閣総辞職を選択せざるを得なくなった。「むちゃなことをやるなら総裁といえども除名してしまうぞ」と迫られ、吉田首相自身が欠席したままで閣議は総辞職を議決した(前掲『日本政治史4』)。代わって一〇日に日本民主党鳩山一郎を首班とする新内閣が誕生した。七年間にわたって政権を担当した吉田体制はここに終止符を打った。

鳩山内閣の成立

新発足の鳩山内閣は、首相指名をめぐる野党三党の折衝において、五五年一月末に衆議院を解散するなどの合意があったため、選挙管理内閣であった。この合意に基づいて五五年二月末に行われた総選挙において、民主党は一八五議席(解散前一二四議席)を確保して第一党となり、自由党は一八〇議席から一一二議席へと激減して惨敗した。他方、統一を公約して臨んだ左右両派社会党も合計一五六議席(解散前一三五議席)を獲得し、革新勢力が三分の一以上の議席を確保した。このため保革対立の焦点となりつつあった憲法改正の発議は事実上不可能となった。総選挙後の第二二特別国会で新首相に選出された鳩山一郎は、民主党単独内閣を組織し、自由党との協調によって国会運営を進める方針をとった。

この新内閣の方針で最重要とみられたのが、日ソ交渉を中心とする平和外交の推進と憲法改正の準備であった。「一方で平和外交を提唱しつつ、片方で軍備を推進し、憲法改正問題によって革新陣営に対決をいどむという二面作戦」が、この内閣の基本的性格だと評価された(『朝日年鑑』一九五六年版)。このような方針が採られた基本的な理由は、吉田内閣によって実現された講和、日本の独立が、日米関係重視に偏重しているとの批判を受けて、これを日ソ国交回復によって軌道修正し、国際社会への復帰を、より完全なものにする必要があったこと、また、日本の防衛問題の根本的な解決には憲法改正が必要であるとの考え方に立っていたこと、であった。しかし、憲法改正については、保守陣営が衆議院の三分の二以上の議席を確保できず、憲法調査会法案が参議院で審議未了に終わったことに示されるように、実現は難しかった。他方、日ソ交渉は六月一日からロンドンで本格的な交渉が開始されたが、領土問題で難航し、一〇月には一時中断を余儀なくされた。

公約の早期実現が事実上困難となるなかで、鳩山内閣の国会運営も波乱含みとなった。第二二特別国会冒頭の衆議院議長選挙で民主党候補が敗れたのを皮切りに、五五年度予算審議では、両派社会党に自由党がしばしば同調して審議が大幅に遅れた。その結果、三カ月の暫定予算を続けたうえに、自由党の大幅修正要求をかなり受け容れた民自共同修正案がようやく六月八日に衆議院で可決成立するほどであった(参議院は七月一日可決成立)。

また経済政策面では、経済審議庁が策定中であった経済自立六カ年計画を基礎に長期的な経済計画を作り、政府の新政策を検討していく方針であった。しかし、政府計画の決定は五五年一二月まで大幅に遅れ、しかも、長期計画の策定作業をにらみながら当面の対策として取り上げられた施策も、しばしば国会の承認が困難となった。

このような事態は、鳩山内閣が少数単独内閣であったこと、前年からの保守陣営再編をめぐる対立が解消しなかったこと、などのために、自由党の協力を十分には得られなかったからであった。保守陣営の統一による政局の安定が必要だった。

保守合同の実現

二月の総選挙で「統一社会党による新政権」をスローガンに議席を増やした両派社会党は、この選挙結果をバネに統一への折衝を五月初めから開始し、九月初めには綱領案をまとめた。その後、なお若干の曲折はあったものの、一〇月一三日には、社会党の統一大会が開かれ、新綱領を満場一致で採択し、委員長に鈴木茂三郎《もさぶろう》、書記長に浅沼《あさぬま》稲次郎《いねじろう》を選出した。

社会党の統一実現への着実な歩みは、保守合同を促進する重要な要因となった。しかし、その道程はきわめて険しいものであった。この年四月一二日、民主党三木武吉総務会長が、民主党として保守結集を推進するため、自由党と話し合うとの方針を明らかにした。しかし、一〇月の社会党統一をきっかけに、財界等からの要望もあって、合同論が高まるまで、保守二党の交渉は、とくに歩み寄りのないまま推移した。最大の争点となった新党の総裁問題についての対立が解けなかったからである。そこで、当面総裁問題を棚上げし、新党を結成して代行委員制をとって党務を行い、第三次鳩山内閣を発足させるという妥協が成立した。

こうして一一月一五日に自由民主党(自民党)の結党大会が開かれ、綱領等を満場一致で可決し、衆議院二九九議席、参議院一一八議席を擁する保守政党が誕生した。この結果、日本の政界は保革二大政党の対立の時代を迎えたが、その実質は安定的な多数を得た自由民主党内閣による長期の政権掌握の時代、「一カ二分の一政党体制」であった。これが「五五年体制」と呼ばれることになる戦後政治を特徴づける政治体制であった。

政策決定過程の変化

五六年一月三〇日、施政方針演説に立った鳩山首相は、①平和外交の推進による日ソ国交の正常化、②憲法改正の準備、③選挙制度の改正を推進すると表明した。しかし、憲法改正問題に関連して「陸軍を持たない、海軍を持たない、……そういう憲法には反対である」「自衛のためには敵基地を侵略出来る」などと、失言を重ねた。野党の追及が厳しさを増すなかで、政府・与党は小選挙区制法案、新教育委員会法案、国防会議構成法案、憲法調査会法案などの重要法案で社会党との対決姿勢を強め、多数を背景に強硬な態度で乗り切ろうとした。国会の審議は混乱を続け、保革の対立を印象づけただけに終わった。

もっとも、上記の重要法案のうち小選挙区制法案を除く三法案が成立し、五六年度予算も三月中に参議院で政府原案通り可決成立するなど、与党が衆議院の三分の二近い議席を占めるようになった保守合同の成果があらわれていた。予算案が、前年度内に無修正で成立したのは五二年度予算以来四年ぶりのことだった。しかし、その反面で、五六年度予算は「各省、党の分捕りに食荒されて、かなり無理な内容」と評されるように、国会に提出される前に、自民党によって大幅な修正を受けた（『朝日年鑑』一九五七年版）。

国会提出前の政府・与党間の折衝による審議・修正は、予算だけでなく他の重要法案についてもみられた。

合同実現まで、保守政党間の対立から議会運営がたびたび困難に陥り、予算案だけでなく重要法案も審議未了で次期国会に先送りされたり廃案に追い込まれることが多かった。財界が政局の安定を強く要望したのはこうした状況への苛立ちからであった。

ところが、合同後の最初の通常国会となった第二四国会では、国会提出前の与党との折衝が予算案確定に重要な意味をもっただけでなく、多くの懸案となっていた法案が比較的順調に成立するなかで、政府・自民党の事前調整が重要性を増した。もちろん、政策立案能力を有する専門家集団としての官僚組織の役割が圧倒的に大きく、所管官庁内の討議、さらには関係業界からの意見聴取によって諸政策の骨格が定められ、諸官庁間の折衝、関係審議会の審議を通して具体的な法律案が作られていくことには、大きな変化はなかった。しかし、これまで、そうした新政策(法律案)について、自由党や民主党と協議が行われることは常態化していたわけではなかった。これに対して、新発足した自民党は、政府提出法案については、国会提出前にあらかじめ政調会の関係部会、政調審議会、総務会の順序で意見調整の場をもつことを厳格に要求するようになった。また、法案によっては、社会党の政策審議会にも求めに応じて担当官庁から説明に行くこともあった(『通商産業政策史』第五巻)。

このように、保守合同による国会の勢力分野の変化のなかで、政策決定過程にも大きな変化が生まれた。一九五〇年代後半に入って厳しい政治の季節が続いていたものの、重要政策の立案、立法化という過程に一つの定型化した取扱い手続きが生み出され、五五年体制は安定したシステムへと成熟していく道が開かれていった。

4 国際社会への復帰

日ソ交渉の妥結

懸案になっていた日ソ交渉は、一九五五年九月に中断されていたが、翌年一月から再開された。その結果、平和条約の草案についてかなりの前進をみたが、領土問題で行き詰まり、三月に交渉は無期休会に入った。しかし、ソ連側が北洋のサケ・マス漁について資源保護の観点から漁獲制限を行う旨発表したため、日本はこれに対応して漁業問題についての交渉を行うこととした。六次にわたる会談の結果、漁業条約等は、五月一四日付で調印された。この漁業交渉の妥結条件には、七月末までに日本が日ソ交渉再開に応ずるとの条件が含まれていた。しかし、七月下旬から再開された交渉も領土問題で進展せず中断を余儀なくされた。政府内には交渉妥結のためには、ある程度の妥協もやむを得ないとの考え方もあったが、これに対する自民党内の反対、世論の反発が強かったためであった。

そこで鳩山首相は、事態の打開を図るために領土問題を棚上げとして国交回復を目指すことを決意し、その実現を契機に勇退することを条件に党内多数の支持を取り付けた。こうして一〇月一九日に日ソ両国は共同宣言の調印にこぎ着けた。一二月一二日にこの宣言が発効し、サンフランシスコ講和条約以来の懸案であった東側諸国との国交が正常化し、日本の国際社会への復帰が大きく前進した。

国連加盟と国際機関参加

日ソ共同宣言発効と同じ日に国際連合安全保障理事会が日本の加盟を全会一致で承認したことは、日ソ国交回復の意義を象徴的に示していた。日本は、八〇番目の国連加盟国となった。

これと前後して、経済面でも国際通貨基金(IMF)や関税および貿易に関する一般協定(GATT)への参加も実現した。前者については独立と同時に比較的スムーズに加盟が認められた。日本がIMFへの加盟のために動き始めたのは、五〇年四月の池田勇人大蔵大臣訪米の時であったが、ＩＭＦは、五二年五月の第三回年次総会において日本の加入を承認した。

これに対してＧＡＴＴへの加入には、多くの困難が伴い加入までの道のりは極めて険しかった。貿易面で対日差別に直面していた日本は、原則として相手国の恣意的差別的な輸出入制限等を免れ得ることなど、ＧＡＴＴ加入に大きな利益を見出していた。国際経済社会の正式な一員として認められるという象徴的な意味以上に、ＧＡＴＴ加入は輸出振興を課題としていた日本にとって是非とも実現しなければならないものであった。

しかし、日本の加入は容易に実現しなかった。それは、戦前の日本製繊維製品のダンピング輸出に苦い記憶をもつイギリスをはじめとする諸国の強い反対があったからである。

日本は、講和条約調印直後の五一年九月にジュネーブで開催された第六回ＧＡＴＴ総会へのオブザーバー参加を申請した。従来オブザーバー招請問題は単なる手続き問題として簡単に処理されていたが、日本の招請問題を審議した会議では、戦前の日本の貿易慣行を恐れた国々の慎重論のために審議は難航した。結局、日本は会期の途中からオブザーバーとして出席し、ＧＡＴＴ加入への足がかりを得たが、その後も反対論・慎重論が強かった。

日本が仮加入を認められたのは五四年七月のことであり、五五年二月には正式加盟の手続きのための関税交渉委員会がジュネーブで開かれた。この交渉過程で大きな役割を演じ、日本の加入を促進したのはアメリカであった。アメリカは率先して対日関税交渉に応ずることを明らかにしただけでなく、日本に対して実質的な関税引下げを行う国に対しては、アメリカ自身がその国の希望する関税を引き下げる用意があることを表明した。アメリカの意図は、アメリカの関税引下げというインセンティブを与えることで日本との関税交渉のテーブルにつかせようとするもので、日本を強力にバックアップするものであった。

こうして、おおむね五五年五月下旬に交渉が妥結し、日本は九月一〇日に正式にGATT加盟国となった。申請以来、三年余りを要したことになる。

しかし、GATT加入はそのままでは対日差別の撤廃にはつながらなかった。GATT第三五条の規定を援用して、日本にGATT規定を適用することを拒否した国が少なからずあったからである。日本加入時の対日第三五条援用国は、イギリス、フランス、オランダ、ベルギー、ルクセンブルク、オーストラリア、ブラジル、インドなどの一四カ国であった。それは、戦前来の日本に対する根強い不信感のためであった。第三五条援用はGATT加入の意義を減殺するものであったから、その撤回交渉がこの後の経済外交上の大きな課題となったのである。

通商関係の回復と経済外交

遅れている貿易の復興に関連しては、さらに、通商関係の正常化のための二国間交渉が推進された。講和条約は、その第七条において、各連合国は条約発効後一年以内に、戦前に日本と締結していた条約又は協約を引き続いて有効とし、またはは復活させることを希望するかを日本に通告するとしていた。しかし、この規定に従ったのは、戦前の条約締結国三九カ国中七カ国にすぎなかった。多くの国が戦後の新体制に即した新条約を望んだ。そこで、講和後、各国との通商関係の正常化のための交渉が進められた。六二年までの一〇年間に日本が新たに署名した通商(航海)条約の相手国は合計一一カ国、通商協定相手国は九カ国となり、ほとんどの主要国との間に通商に関する条約ないし協定を結ぶに至った(『通商産業政策史』第六巻)。

これら新条約のうち、アメリカとの通商航海条約はとくに重要であった。通商貿易関係の大きさだけでなく、その後の他国との条約等のモデルになると考えられたためであった。交渉の争点は、アメリカ側が「投資保護」を目的に要求した内国民待遇であった。それは、日本の産業政策、貿易政策に対し根本的制約となるものであった。しかし、交渉の結果成立した条約はアメリカが大きく譲歩した内容となった。内国民待遇では、公益事業、造船業、航空輸送、水上運送、銀行の預金、信託業務、土地その他の天然資源の開発に制限業種が拡張され、導入外資の国内再投資では外資法の制限を三年にわたって継続することが認められた。また、外貨事情に基づく為替管理や、事前公表などを条件とした輸出入制限が認められた。

その他の西側諸国との通商協定交渉では、日本に対する差別的輸入制限やGATT第三五条援用の撤廃という日本側からの要求が争点となった。これらの条約交渉の円滑な進展のために、日本政府は輸出秩序の確立などの輸出振興政策を講じることになった。

他方で、冷戦の激化という国際情勢のもとで、東側諸国との貿易を制約する国際的な枠組みが強化されていた。この規制は、ソ連圏向け物資を対象として成立したココム・リストと、中国に対するチンコム・リストに基づくもので、日本のココム加入は五二年一一月に決定された。日米関係を重視したこの選択は、日本にとって大きな制約となった。五〇年代後半に輸出制限が緩和の方向に向かうとはいえ、戦前には中国は最大の貿易相手国であった。輸出振興が経済政策上の至上課題である以上、対米協調との兼ね合いを考慮しながらも、中国貿易拡大が求められたのは当然であった。

この間、ソ連との貿易交渉が五七年九月に政府間で開始され、日ソ貿易が本格的に開始されることとなったが、これへの期待は小さかった。待望されていた日中貿易の拡大は、政府間の協定が困難ななかで、五二年以降の四次にわたる日中民間貿易協定など、民間協定の形で推進された。しかし、五八年の第四次協定に際して、日本政府が中国代表部の国旗掲揚に刑法上外国国旗に対する保護規定を適用しないとの態度をとったことなどから日中関係が紛糾し、「長崎国旗事件」(同年五月、長崎市のデパートで開かれていた日中友好協会主催の展示会場で、入場者の一人が中国国旗をひきずり下ろした事件)を契機として貿易取引も中断された。六〇年八月に周恩来首相が「対日貿易三原則」(政府間協定、民間契約、個別的配慮)を提示して個別民間取引再開への道を開き、六二年一一月に日中総合貿易に関する覚書が廖承志《りょうしょうし》と高碕《たかさき》達之助の間で結ばれて、二人の頭文字をとった、いわゆる「LT貿易」が開始されるまでかなりの空白を余儀なくされたのである。

賠償問題と経済協力

東南アジア諸国との懸案となっていた賠償交渉では、講和条約第一四条の規定に基づいて日本に賠償を求める意思を表明したフィリピン、インドネシア、ビルマ、ベトナム、ラオス、カンボジアの六カ国との関係回復の道が模索された。このほか、タイ及び仏領インドシナとの間には戦時中の特別円の処理問題があり、また、のちに賠償請求権を放棄したラオス、カンボジアに対しても、賠償に準じた性格をもつ無償の経済技術協力交渉が進められることになった。

賠償交渉は対ビルマ賠償が五五年、対フィリピン賠償が五六年、対インドネシア賠償が五八年、対ベトナム賠償が六〇年にそれぞれ協定が発効し一段落した。講和条約前には、インドネシアが一七二億ドル、フィリピンが八〇億ドルなどの巨額の賠償を請求し、その合計額は五五年の日本の国民所得一八九億ドルをはるかに越えていた(橋本寿朗「一九五五年」)。しかし、交渉の結果、四カ国合計で一七億ドルに減額され、しかも、長期の延払いが認められた。

講和条約に明示された原則(日本の経済的自立を妨げない範囲で請求に応ずる、役務による賠償を中心とし金銭賠償を行わない)を貫くことが、賠償交渉における日本の基本的な態度であった。戦争によって一方的に損害を被った国々に対して賠償に応ずることは日本の当然の責務であったが、他面でこの問題を解決し正常な通商関係を回復していくことが、日本の経済的自立に不可欠であった。このような事情が賠償への日本の取組みを積極的なものにした。東南アジア諸国は、日本の経済発展に必要な原料資源に恵まれた国々が多く、あるいはまた、製品の輸出市場としての期待も大きかったからである。

たとえば、通産省は、「これら各国に対し、賠償およびこれに伴う経済協力を誠実且積極的に実施することによりわが国としては、重工業製品の安定市場の確保と工業原材料の輸入市場の育成が期待でき、又投資先の開拓が大いに期待される」ことを強調していた（前掲『通商産業政策史』第五巻）。こうして賠償支払いは、金銭ではなく「実物賠償」として日本からの輸出品ないし役務の提供となり、相手国の経済開発計画や、工業化政策に協力するものとなった。

経済協力への取組み

同様の意図から、五七年以降には厳しい外貨事情のもとで、経済協力の拡大が模索された。岸首相のアジア開発基金構想に基づいて、政府は五八年には初めての直接借款として対インド円借款交渉をまとめた。この借款は、五七年五月に東南アジア六カ国歴訪の途上にインドを訪問した岸首相がネルー首相との共同コミュニケでインドの第二次五カ年計画に全面的に協力することを表明したことを発端とした。それは、一八〇億円を限度として三年間にわたり、鉄道施設、水力及び火力発電設備、送電及びダム建設施設、採炭選炭設備、鉱石採掘及び選鉱設備、船舶、港湾施設等を対象とするものであった。

他方で、経済協力実施体制強化の目的で、五七年五月には日本輸出入銀行法が改正され、五八年七月には「東南アジア開発基金」が設立(六一年に海外経済協力基金)されることになった。また、アジア地域に関する総合的な研究調査機関としてアジア経済研究所が設立された。

このほか、この時期には南ベトナム円借款(五九年五月協定調印、一一七億円)、パラグアイ円借款(五九年一〇月合意、総額一三億六八〇〇万円)が実行され、さらにアラブ連合、ユーゴスラビア、パキスタン、イランなどと経済協力も実現した。

日本の経済協力が推進された背景には、五六年二月発表された、いわゆる「ジョンストン構想」によって東南アジア諸国の経済開発において日本に指導的立場を期待するというアメリカ側の方針が明らかにされたことがあった。しかし、五六年三月に経済企画庁がまとめた海外投資機関構想については、ちょうど進行中であった日本・フィリピン賠償交渉においてフィリピン政府が反対を表明した。国家資金による投資機関は、相手国に対して政治的進出を意図しているとの印象を与えるという理由からであった。

アメリカの構想に沿って展開しようとした対外経済協力構想は、こうしてアジア諸国からの強い警戒感によって実現を見送られた。そこには、アジア諸国のなかに根強く残っていた戦争の記憶と日本への不信が横たわっていた。

5　春闘と三池争議

一九五五年は労働運動の面でも転機の年となった。生産性本部の発足と春闘方式という新たな形態の運動がスタートしたからである。

生産性向上運動

五五年二月に発足した日本生産性本部による生産性向上運動はこれ以降の労働運動に大きな影響を及ぼすことになった。日本生産性本部は、アメリカのＦＯＡ(対外活動本部)の援助に基づき、五四年三月に経団連、日経連、日商、経済同友会の四団体が、「日米生産性増強委員会」を結成したのを契機とし、「日米生産性協議会」を経て発足したものであった。

設立趣意書によると、「生産性向上とは、資源、人力、設備を有効に科学的に活用して生産コストを引下げ、それによつて市場の拡大、雇用の増大、実質賃金ならびに生活水準の向上をはかり、労使および一般消費者の共同利益を増進することを目的とする」とうたわれていた。生産性向上運動を国民運動として組織するため、海外視察団を派遣するなどして、生産性向上に必要な知識の普及など啓蒙活動が展開された。

生産性本部は労働組合にも参加を求めたが、総評はこれを拒否し、全日本労働組合会議(全労)系の日本労働組合総同盟(総同盟)と海員組合だけが参加することになった。総評の反対理由は、「欧州における生産性増強運動がマーシャル計画と関連があるように、日本における生産性向上運動は、ＭＳＡの軍事的、政治的目標を実現させるためのものであり、いたずらに労働強化と失業者をもたらすものである」というものであった(『朝日年鑑』一九五六年版)。

このように生産性向上運動は、当時の労働運動にあっては相対的に少数派を巻き込むことに成功したにすぎなかった。しかし、この生産性向上運動に示された生産性の向上を通して労働者の生活も改善していこうという考え方は、この運動に直接参加するか否かを問わず、高度成長期以降にめざましい発展を遂げる日本の巨大企業における労働者の「仕事に対する参加意識」を高め、協調的な労使関係形成の基盤となった。

春闘方式の成立

経済界は生産性本部における協調路線の一方で、経営権の確立を目指し、労働運動との対決姿勢も崩してはいなかった。日経連は、五三年に経済自立を達成するためには、「生産に国民の総力を結集し、耐乏生活によって資本を蓄積し企業の合理化によって対外競争力を強化する」必要があると訴えていた。

そのような考え方の延長線上に、五四年初めには賃金と物価の悪循環を回避するために、「労働生産性の向上を伴わない賃上げは認めない」などを内容とする「賃金三原則」を公表していた。このような経営側の攻勢は、一面では生産性向上運動による賃金上昇へ期待をかける労働組合に対する「アメ」の意味を持つとともに、これに参加しない総評などに運動方針をめぐる危機意識を強めることになった。

　そうしたなかで五五年春に合成化学産業労働組合連合(合化労連)の太田薫の提唱に基づいて総評傘下の五単産(産業別単一労働組合)が「賃上要求を中心」とした全国統一闘争を目標に共闘を組むことになった。太田は、賃金ストップ政策を打ち破るには、「全産業のゼネスト」をもって対抗するほかはないが、労働組合の側はとてもゼネスト体制を組みうるような状況にはないから、「先ず立上がれる単産からつぎつぎに統一闘争をくんでゆき、その中で統一闘争でなければたたかえないという自覚を大衆に植えつけてゆく」ことが狙いであったと述べている。それは、「闇夜にお手てをつないでいこう」という「弱者の連帯」であった(兵藤釗『労働の戦後史』上)。

図 **1-4**　1950 年代前半，大衆レジャーの主役として人気が急速に過熱した“パチンコ”(1955 年)(『1 億人の昭和史 6 独立ー自立への苦悩 昭和 27 年ー35 年』毎日新聞社，1976 年)

　五五年の共闘は、総評傘下の五単産に、「春期賃上共闘会議」に参加した総評外の全国金属、化学同盟、中立系の電機労連が加わって八単産共闘となった。これがのちに「春闘」と呼ばれることになる賃上げ闘争のスタートであった。

　五六年になると、それまで年末に賃金闘争を行っていた官公労が参加して、官民共闘へと発展した。この間、総評指導部は、それまでの高野実《みのる》に代わって国労の岩井章が事務局長に就任し、太田薫も賃金担当の副議長（五八年議長）となって、この新しい岩井・太田体制の下で春闘を基軸とする闘争方針が推進されることになった。参加組合は年を追って増加し、六〇年春闘では、民間一一五単産、官公労全単産が参加し、四一〇万人の労働者による運動となった。

この春闘は、企業別組合を組織している各単産がそれぞれ足並みを揃え、その上で春闘共闘委員会が「あらかじめ全期間にわたる闘争日程の大枠と、闘争のヤマ場を担う拠点単産を決め、その拠点の闘争にむけて参加単産が波状的に攻撃をかけることによって、全体の賃上げをはかろうという戦術をとった」（同前）ことに特徴があった。こうして比較的闘争力のある単産、あるいは比較的業績の良好な産業部門の単産を拠点として、労働者の賃金引上げが追求されることになった。

政・労の対立

労働組合運動の共闘に対して、政府及び経営側は、五七年春闘では拠点となった国労に対して国鉄当局が公共企業体等労働関係法（公労法）違反を理由に処分をもって臨んだ。岸内閣を特徴づける総評との対決姿勢は、公務員及び公共企業体職員による違法な争議行為には断固たる処分を行うというものであった。さらに政府は、五七年の秋季年末闘争に対して、九月の閣議で「石田（博英）労相談話」と、「公共企業体等の職員の労働組合の争議行為等について」と題した公労法の統一見解を決定・公表した。それは、総評の闘争方針の違法性を具体的な例を示して警告したもので、そうした戦術をとった場合には、「組合は刑事上、民事上の免責をうけず、刑罰法規の適用、損害賠償の責任を負うことになり、政府当局の解雇その他の措置に対して不当労働行為をもつて対抗出来ないことを強調」したものだった（『朝日年鑑』一九五八年版）。これが、少壮の商工官僚時代（一九三〇～三一年）、浜口雄《お》幸《さち》内閣の緊縮政策に基づく「官吏減俸」（公務員給与の引下げ）反対の先頭に立ったことで知られている岸の、首相としてのスタンスであった。

このような政府の対決姿勢のため、この年の春闘で国労は解雇者を含む過酷な処分を受け、その後の処分撤回闘争も十分な成果を生まず、組合の分裂を招くなどの打撃を受けた。春闘などの新しい運動方針は必ずしも順調に成果をあげ得たわけではなかった。

この政・労の対立は、総評を中核とする労働運動が、選挙闘争を通して社会党（主として左派）の選挙運動を支え、基地反対闘争の支援運動などの政治的な活動を展開し、あるいは最低賃金法制定を求める広汎な運動を展開し議員立法を目指すなど（同前）、国政運営にも少なからず影響力をもっていたことを反映していた。そのため、政府は五八年一一月には五日に予定されていた警職法（後述）反対をスローガンとする総評・全労・中立労働組合連絡会議（中立労連）・全国産業別労働組合連合（新産別）などの統一行動に対して、直前の四日に「政治ストは違法である」との労働大臣談話を発表し、「政治ストは憲法二八条に保障する団体行動擁護の範囲を逸脱するものであり、労組法上の免責の対象になり得ない」と強い姿勢を打ち出した。

三池争議

この政・労対決の延長線上に三池《みいけ》争議があった。

五九年から六〇年にかけて、国内最大の炭鉱であった三井鉱山三池鉱業所を舞台として一年近く続いた三池争議は、戦後復興期に誕生した「強い・闘う」労働組合運動がその命運をかけた大争議であった(平井陽一『三池争議』)。

エネルギー革命の進行のもとで、かつて花形産業であった石炭産業は、輸入石油と対抗できるような競争力を持つことを目標に厳しい合理化を迫られていた。

舞台となった三池鉱業所の三池炭鉱労働組合は、職場闘争の先駆と目され、労働条件の改善を強硬な闘争方針のもとで実現していた。そのため、経営側もこのような闘争形態が「企業秩序の破壊を狙うもの」として対決の姿勢を強めていた。それゆえに、この争議は、「総資本対総労働」の闘いとも呼ばれたのである。

経営側は、日本屈指の優良炭鉱である三池炭鉱が「職場秩序の紊乱」によって「低能率・高賃金」による赤字経営に陥っていると主張していた。実際には、後述する「石炭政策の迷走」によって合理化努力に緩みが生じたことも要因であった。したがって、経営側も政府も、赤字経営に責任を負っていた。しかし、そのツケはすべて労働者に回された。経営側は、大手各社に先立って、五九年一月に第一次企業再建案を発表し、希望退職者の募集による人員削減や労使慣行の改革を提案した。さらに、八月の第二次企業再建案では、各山別の勇退募集人員を定め、七項目の基準によって退職勧告を行い、募集人員を満たすことを労働組合側に通告した。しかも、そこでは、「数もさることながら質の問題も度外視できない」との団体交渉での経営側の発言に示されるように、実質的には職場規律を乱すような「業務疎外者」を指名解雇することが意図されていた。

図 1-5　大量クビ切り阻止を訴える炭労臨時大会(1959 年)(『実録昭和史 激動の軌跡 4 高度経済成長の時代 昭和 31 年～昭和 40 年』ぎょうせい，1987 年)

労使の激突を懸念した中央労働委員会(中労委)による職権斡旋(中山斡旋案)が提案されたが、経営側はこれを拒否した。三井鉱山常務会の記録には「日経連及び銀行筋が非常に強固だ。銀行の言い分は斡旋案の線では(特に質の解決)会社の再建は出来ないので、三三億の融資を含め一切の融資を中止する。従ってこの見通しがつかなければ斡旋案の内容も空文になるし、其の他の労働条件など話すことは無意味であり組合を裏切ることになる」と記されているという(同前)。また、斡旋を提案した中山伊知郎会長を椎名悦三郎官房長官は「招きもしない座敷にノコノコでてきたピンボケ芸者」と揶揄《やゆ》したという。拒否の方向は経営側の意思の及ばない、政府・財界のレベルで決まっていた。

職権斡旋を拒否した経営側は、一二月一日に指名退職を勧告し、さらにこれに従わなかった一二〇〇名余りに解雇を通告した。そこには「三〇〇名に及ぶ職場活動家(うち社会党員一二〇名、共産党員三一名)が含まれていた」(前掲『労働の戦後史』上)。

このような経営側の姿勢は、合理化が求められ雇用の調整が必要であるという状況を利用して、労使関係のあり方そのものを変えていこうという強い意思が働いていたためであった。それゆえ、これに対する労働組合側の対応も強硬なものとなった。

三池労働組合の敗北

こうして紛争状態となった三池鉱業所は、六〇年一月に会社によるロックアウトと、三池労組の無期限スト突入によって、実力による対決がはじまった。長期化の様相を呈した争議は、三月に第二組合が結成されて生産再開への動きがうまれ、職員層の離脱や全国三井炭鉱労働組合連合会(三鉱連)内の他炭鉱の統一スト指令返上が重なって、争議団が窮地に陥った。

このような事態を受けて日本炭鉱労働組合(炭労)が申請した中労委(会長・藤林敬三)の斡旋案(藤林斡旋案)に対して、炭労執行部はこれを受け容れる以外には打開・収拾の道はないと判断していたが、「四月九日に開かれた炭労臨時大会は、一〇時間にわたる論議の末、三池労組を除く三鉱連代議員の退場するなかで、斡旋案を拒否してたたかうことを決定した」(同前)。

こうしてストライキは、六月にかけて盛り上がった安保反対国民運動と呼応するように闘い続けられた。「安保と三池はひとつ」といわれていた。そして、安保闘争が六月一九日の自然承認によって急速に退潮に入ると、三池では生産再開阻止をかけて出炭の要の位置にあるホッパーを死守するために組合は全力を投入したが、その闘いは孤立化した。七月にホッパー周辺のピケ解除を決めた福岡地裁の仮処分執行を前に、中労委が労使双方から白紙委任を取りつけて、職権斡旋に乗り出した。第二次藤林斡旋案は、四月の斡旋案とほとんど同じであったが、闘争継続は困難と判断した炭労は三池労組を抑えて収束をはかるほかはなかった。こうして「三池労組は孤立のうちに敗退することとなった」。それは一つの時代の終わりを象徴していた。敗戦後の民主化政策のなかで、生活防衛のために生まれた強い闘争主体としての労働組合運動が、その時代の役割を終えたことを意味した

図 1-6　三池争議においてピケ隊を襲撃する右翼勢力(1960 年 3 月 29 日)(前掲『日本の歴史㉑ 国際国家への出発』)

からである。

会社側が右翼勢力などと呼応して分裂工作を行ったことなどの影響があったとはいえ、長期にわたり企業経営の基盤をゆるがせ、ひいては自ら働く場そのものの存立が危うくなるような激しい闘争方針について行けない組合員が増加していた。それが組合の分裂を招いた。このような変化は、すでに五〇年代初頭の労働運動に萌芽的には見出されていたものであった。三池にもその波が押し寄せ、「三池労組成長の対極に反組合的分子を蓄積していた」(清水慎三『戦後革新勢力』)のである。こうして「総評型労働運動の上り坂と下り坂を分ける分水嶺」(清水慎三「三池争議小論」)となった三池争議は、労働組合側の敗北に終わった。生産が再開されたのは、六〇年一二月一日、会社側のロックアウトによる無期限ストから三一二日目であった。

6　日米安全保障条約改定問題

死の灰——第五福竜丸事件

一九五四年三月一日、午前四時一二分ごろ、焼津のマグロ漁船第五福竜丸(九九トン)は、ビキニ環礁の東北東八〇カイリ付近で操業中、突如、南西方向の水平線に閃光を認め、七~八分後に爆発音を聞いた。閃光は、ビキニ環礁で行われたアメリカの水爆実験によるものであった。これが、原水爆禁止運動の世界的な展開につながる「第五福竜丸事件」の発端であった。

閃光と爆発音からおよそ三時間後、「白い灰が船上に一面に落下し、甲板をうつすらと白く彩った」。そして、焼津へと帰途についた船上では、二〜三日後には「全乗組員二三名が軽い頭痛を覚え、なかにはハキ気を催すものも出た。船員の灰のついた皮膚の部分は、赤黒く水ぶくれとなり、のちに黒色に変つた。また頭髪の脱毛を生じた」（『朝日年鑑』一九五五年版）。

二週間後の一四日朝に焼津に入港して手当を受けた乗組員のうち、重傷者二人は上京して東大病院の診断を受けることになり、また、「積んで来た二五〇〇貫のマグロ、サメ、サンマは焼津市内、東京、大阪、北海道、北陸等へ送られたが、いずれも強い放射能を検出し、土中に埋めて廃棄処分に付された」。東京大学総合調査団によると、第五福竜丸は「殺人的」な量の放射能を浴びていた（同前）。原爆症で入院していた無線長久保《くぼ》山愛吉《やまあいきち》は、治療の甲斐なく九月二三日夕刻に死去した。

「死の灰」による被爆が報道された翌日の三月一七日、「築地市場は惨憺たる有様」となり、マグロの卸価格は半値以下に下がったうえに「入荷量の九割以上も売れ残った」（川名英之『ドキュメント　日本の公害』第四巻）。水産庁が派遣した調査船は、調査漁で捕獲された魚がことごとく放射能に汚染されていること、広汎な水域で放射能が検出されることを確認した。また、ビキニ環礁付近では、放射性物質が「深さ一〇〇メートル、幅数十キロから数百キロのベルト状をなして西の方向にゆっくりと流れているのを発見した」。死の灰は、「北赤道海流に乗ってフィリピン海域へ拡散、ここから黒潮に乗って日本近海や北太平洋にまで汚染が広がっていた」(同前)。

「死の灰」を浴びたのは第五福竜丸だけではなかった。三月末から八月末にかけて死の灰を直接浴びたことが判明した漁船は九八隻、いずれの船も事前に指定された危険水域とは遠く離れていた。対米関係を配慮した鳩山内閣が調査を打ち切る一二月末までの入港検査で漁獲から放射能が検出された遠洋マグロ漁船は、「全国で延べ八五六隻を超えた」という(同前)。

こうした事情から事件発生から数カ月、マグロなどの漁獲の放射能汚染が問題視され、梅雨にかけて各地の降雨では異常な放射能量が検出され、連鎖的に飲料水や農作物の汚染などが問題となった。水爆実験は、死の灰による被爆という直接の人的被害だけでなく、国民生活のさまざまな側面に、こうした脅威を与え続けた。

「ちょっとした油断」

被害の深刻さが明白になるなかで、アメリカ原子力委員会は魚類の汚染に対して否定的な見解を示し、さらに「漁民たちが実験をスパイしていたということもありうることだ」(同前)とか、「ソ連が原子力の国際管理に応じないために、やむを得ずアメリカは実験をしている」などの回答を寄せた(『朝日年鑑』一九五五年版)。責任転嫁であった。

実際には、この実験による被爆にアメリカ側は責任を負っていた。実験担当者たちは、水爆の破壊力を過小評価して限定した水域を危険区域に指定しただけであった。風向きによって被爆の危険水域が変化することを知っており、風向きによっては実験を延期することを事前には決めていた。しかし、当日、延期すべき風向きとなっていたにもかかわらず、この気象予測を無視して実験は強行された。実験を実施したテオドール・テーラー博士は、三五年後、日本のテレビ取材に「ビキニではちょっと油断してしまったんですよね」と語っている（前掲『ドキュメント　日本の公害』第四巻）。実験それ自体が環境への影響という点から見ても許容されるべきではないが、この死の灰による被爆、久保山無線長の死は避けることのできる人災だった。

原水爆禁止運動

太平洋戦争末期の原爆被害の実態は、映画『原爆の子』や永井隆『長崎の鐘』などによってその一端が知られるようになっていた。講和によってGHQによる検閲などの制約を受けなくなると、「生々しい原爆の記録は、労働組合や学生運動団体の手で一般の中にもちこまれ、講演会、映画会、写真展などによつて、かなり広く国民の前に明らかに」されていた（『朝日年鑑』一九五五年版）。

こうした基盤に支えられて、この事件を契機に、原水爆禁止運動が非常な速さと勢いで国内に広がり、あらゆる階層から支持される国民運動となった。

最初の動きは、第五福竜丸の母港である焼津市議会が三月二一日に採択した原水爆禁止決議であった。その後、衆参両院をはじめ、各地の地方議会や学会、団体、労組などが、原水爆の製造禁止、原水爆実験の禁止、原子力の国際管理と平和利用を求める決議を採択した。

これらの議会や地方公共団体が先頭に立って開始した原水爆禁止署名は、八月八日に原水爆禁止署名運動全国協議会が結成されて全国的な運動として一元化された。それは三三〇〇万の署名に結実した。

この全国協議会は、水爆禁止署名運動杉並協議会議長安井郁《やすいかおる》らの提唱で結成されたもので、多彩な常任世話人の顔ぶれから思想・宗教など立場の違いを超えた国民的な基盤と規模をもつものであった。この運動に込められた願いは、平和への祈りであった。それは、「魚屋殺すにや三日はいらぬビキニ灰ふりやおだぶつだ」というスローガンに見られるような、日常生活のなかに原水爆による放射能汚染の危険が忍び込んでいるという危機感から生まれた。こうして、多様な組織がそれぞれの基盤のうえに、禁止運動にかかわっていった。

海外でもインドのネルー首相が五四年四月に核保有国に対し実験中止を呼びかけるアピールを公表し、翌年七月には「ラッセル＝アインシュタイン宣言」が核戦争の危機を警告するなど、原水爆禁止の声が大きくなった（前掲『ドキュメント　日本の公害』第四巻）。

「一人一人の国民への説得活動」として推進された署名運動から出発した運動は、このような国際的な広がりを背景に、五五年八月には広島で原水爆禁止世界大会を開催することに成功し、核兵器への反対の声を世界に発信することになった。この大会までに世界レベルで広がった禁止署名は六億七〇〇〇万人に達した。翌五六年の長崎大会では日本原水爆被爆者団体協議会も結成され、以後、大衆運動のなかでも重要な役割を果たすことになった。

石橋内閣の積極政策構想

五六年一二月一四日、自由民主党は党大会を開催し、石橋湛山《たんざん》を第二代総裁に選出した。第一回投票で一位となった岸信介に対し、石橋と石井光次郎の二、三位連合による勝利であった。これを受けて、二〇日に鳩山内閣は総辞職し、後継首班に石橋湛山が選出された。しかし、激しい総裁選挙の影響から石橋内閣は各派閥のポスト争いにさらされてその当初の適材適所の組閣構想を生かし得ず、大きなつまずきを経験することとなった（筒井清忠『石橋湛山』）。

この人事抗争で岸は、総裁選挙の論功行賞となる「石井副総理」案に反対し、これに石橋が固執するならば入閣を拒否すると主張した。石橋は挙党一致態勢をとるために、岸に外相就任を要請し、事実上副総理格で閣内に迎えた。石井は入閣しなかった。これが岸を「首相の地位にまで押し上げてしまった」政治的決断の綾であった（原彬久『岸信介』）。

二三日の組閣完了後、石橋新首相は、経済積極政策を実行することを骨子とする次のような談話を発表した。

私は国民の意思を反映する責任政治を実行して、明るい平和で自由な民主日本の建設に身をささげる覚悟である。そのためにはまず国民の政治に対する信頼感を高めるため綱紀をただし、清純な政治を行いたい。経済については国民生活の向上と安定とを目途とし、急激なる変化を避けつつ、大いに積極政策を断行する。外交については自由主義国家の一員として、国際連合にあくまで協力しつつ、自主外交の確立を期す(『朝日年鑑』一九五七年版)。

この方針は、池田大蔵大臣が発表した五七年度予算編成の基本方針とともに、「一〇〇〇億減税、一〇〇〇億施策」をスローガンとする拡張的な経済政策として石橋内閣を特徴づけることになった。しかし、石橋首相はこの方針を実現する機会を得ることはできなかった。新政策を具体化すべき予算編成の途中、一月末に病に倒れたからである。このため、岸外相が首相代理として施政方針演説を行うこととなった。その後、長期の療養を要することが判明したため、石橋内閣は二月二三日に総辞職し、わずか九週間の短期間で退陣した。後継の首班には、総裁選で石橋に協力した石井ではなく、副総理格であった岸信介が選出され、二五日に石橋内閣の陣容をほぼ引き継いだ岸内閣が誕生した。

岸内閣の対決姿勢

岸内閣の成立は、単に自民党内での政権の移動というだけでは表現し得ない変化をもたらした。その最大の点は、外交政策面で鳩山・石橋時代に追求されていた日ソ国交回復、日中関係の改善等の方針に比べて、一段と日米協調に重点を置いたことであった。それは、日米安全保障条約の改定、沖縄・小笠原の返還などの懸案に加えて、五六年ころからアメリカで強まっていた日本製繊維製品などに対する輸入制限運動などの新しい問題解決が必要だったからである。こうして安保条約改定の時期をにらみながら、政局は動いていくことになった。

他方、国内政策面では、国際収支の悪化から池田蔵相の積極政策に対する政財界からの批判が次第に強まったため、六月八日に岸首相の私的な経済顧問であった一万田尚登《いちまだひさと》らが池田批判の態度を表明したのを機に、岸首相は、国際収支総合対策を実施する方針に転じた。経済政策は「拡大」から「緊縮」へと一八〇度の方向転換を遂げた。これによって「神武景気」は終わり、一年ほどの調整期(なべ底不況)を日本経済は経験することになった。

その後、五七年七月の内閣改造によって体制を整えた岸首相は、「汚職、暴力、貧乏の三悪追放」を岸内閣のスローガンとすることを明らかにした(『朝日年鑑』一九五八年版)。この方針は、九月に発表された自民党新政策では、①国民に信頼される清潔な政治、②新時代をつくる教育と技術、③根強い産業、画期的な輸出増進、④労働に秩序を、全国民に社会保障を、⑤国連中心にアジアと世界を結ぶ外交、の五項目にまとめられた。そのなかで、岸内閣は、「道徳、歴史、地理教育課程の充実」とか、「労働争議の合法・非合法の限界を明らかにし、……組合運動を逸脱した非合法行為を排除する」など文教・労働政策面で、総評や日教組などの労働運動と真正面から対決する姿勢を示した。春闘に対する国鉄労組処分はその反映であった。これに対する労働側の反発も強く、この後、保守・革新は激しい対立の様相を呈していくこととなった。

勤務評定反対闘争

岸内閣の労働運動との対決姿勢は、教育現場における勤務評定問題でも明確化し、勤務評定実施への反対闘争を激しく呼び起こした。

勤務評定は、法令に基づいて各地の教育委員会が実施することが定められていたが、五六年にこれを教職員の定期昇給や昇格の資料として利用する計画が愛媛県教育委員会で提示されたことから、社会問題化した。日本教職員組合(日教組)はこれに対して、「組合の弱体化と教育の官僚統制をねらうもの」として強く反対した。この批判の通り、そのねらいは政治的なものであった。革新政党の進出に危機意識をいだいた愛媛県の保守層だけでなく、有力組合として労働運動に重要な役割を果たし続けている日教組に対抗する絶好の対策と、政府は考えていた(村井淳志「勤務評定」)。

これに対して、労働運動の組織強化を企てていた総評は、この闘争を通して岸内閣との対決姿勢を強め、日教組の運動と歩調を合わせて統一行動を組織した。しかし、総評の「組合員全子弟による登校拒否」などの指令や日教組の「授業打ち切り」戦術などに対しては、組織内部でも批判があり、社会的にも問題となった。教員組合と父兄との対立も各地で発生するなかで、神奈川県教組は五八年一二月に県教育委員会との交渉で、「教師の反省記録を中心とした」独自の勤務評定書提出を決定した。社会党はこれをきっかけに勤評反対から、この「神奈川方式」支持に転換した。組合は、地域住民との共闘を目指した。しかし、行政側から農業関係補助金の給付などを梃子《てこ》とした切り崩しにあって、住民たちとの連帯が実現できなかった。

こうした状況のなかで、五九年以降、「神奈川方式」を勤評問題解決の足がかりと主張する日教組主流派は、「絶対反対」という立場を譲らない反主流派との対立を抱え込みながら、闘争の終息を図ることになった。

図 1-7　勤務評定反対中央集会（1957 年 11 月）（前掲『実録昭和史　激動の軌跡 4　高度経済成長の時代』）

警職法問題

五八年五月の総選挙で、ほぼ改選前の議席を確保した岸首相は、政権担当の自信を強め、革新勢力に対して高姿勢で臨む態度を一層明確にした。この強硬な方針は、国会運営では正副議長・役員の自民党独占となり、道徳教育の義務化などの新提案に具体化した。

またコワくなる警察官
デートも邪魔する警職法！
恋人の前で手錠！

図 **1-8** 「デートも邪魔する警職法！」と警告する『週刊明星』1958年11月9日号

九月末からの第三〇臨時国会の争点は、警察官職務執行法（警職法）改正案であった。警職法改正の狙いは、「警職法の重点を、個人の生命・身体・財産の保護から、公共の安全と秩序の維持にきりかえ、そのため職務執行に際しての警察官の権限をいちじるしく拡大強化する点にあった」（『朝日年鑑』一九五九年版）。

岸首相は、「警察官が責任をもって治安維持にあたるには、犯罪が起こる前にそれをある程度予防する措置も講じなければならない」と述べ（前掲『岸信介』）、安保改定を見据えて、「（安保改定は）命をかけてもやるつもりだったから、その秩序を維持するための前提として警職法の改正はどうしても必要」（『岸信介の回想』）だったと語っている。この問題が表面化したのは、安保改定交渉が始まったその日、五八年一〇月四日であった。

これに対して職務執行のための基準が曖昧で濫用の恐れがある——デートも邪魔する警職法——という理由で、改正案に対する反対が強かった。国会における社会党の激しい抵抗と厳しい世論の反発に直面することとなった岸内閣は、事態を打開するために、それまでの慣行を破って一一月四日に国会の会期延長を強行した。しかし、その結果、全国的な反対運動が一段と盛り上がり、警職法改正案は廃案となった。

警職法の廃案をきっかけに、自民党反主流派は執行部に対する批判・責任追及に転じ、反主流派の三閣僚(池田勇人、三木武夫、灘尾《なだお》弘吉《ひろきち》)が辞任して、岸体制は「タガがゆるんだ」と評された(『朝日年鑑』一九五九年版)。そのために、内外の懸案の解決は著しく停滞した。外交面では、三月に調印された日中貿易協定が、すでにふれた通り、長崎国旗事件をめぐる対立から不成立となった。また、安保条約についても九月に渡米した藤山愛一郎外相が交渉開始の同意を得て帰国し、一〇月初旬から交渉がはじめられたものの、国会正常化まで延期することとなった。警職法で揉めた第三〇臨時国会では、政府提出法案四一件のうち六件が成立したにとどまり、独禁法改正案、公職選挙法改正案、放送法改正案、最低賃金法案、輸出入取引法改正案、公共用水域の水質の保護に関する法案、工場廃水等の規制に関する法案などが審議未了となった。

安保改定交渉

翌五九年に入ると、日米安全保障条約の改定問題をめぐって保革対立はさらに激しさを加えた。一月に自民党総裁に再選された岸首相は、二七日の施政方針演説で、中立政策は日本の国際的孤立化を招くものであり、自由主義国家との提携を基調とする外交方針を堅持し、国民の納得のいく形で日米安全保障条約の改定に踏み切る考えを明らかにした。ただ、具体的な方針については自民党内の意見調整に手間取り、改定要綱案がまとまったのが四月初旬となったため、日米交渉が再開されたのは四月一三日であった。一方、第三一通常国会では、国民年金法、最低賃金法、防衛二法(防衛庁設置法・自衛隊法の各改正)などの重要法案が成立したが、国会審議がしばしば中断する事態も続いた。しかし、岸内閣が警職法改正案や独禁法改正案などの与野党対立法案の提出を断念したことから、全般的には安保改定問題での対決をひかえた小康状態を呈した。

政局の転機となったのは、六月初めの参議院選挙であった。自民党の議席増という選挙結果に力を得た岸首相は、内閣改造を行って体制を固めつつ、安保改定を最優先課題として取り組むことを公約した。これに対して、社会党ではこの選挙の敗北によって党再建の基本路線に関する左右両派の激しい対立が生じ、一〇月から一一月にかけて右派の西尾(末広)派、河上(丈太郎)派が相次いで離党し、翌六〇年一月に民主社会党(民社党)が結党大会を開くこととなった。左右両派の統一からわずか四年余りで再び分裂したのである。

社会党が再建問題で紛糾を続けるなかで、安全保障条約改定の準備が着々と進み、五九年七月までに条約内容に関する交渉は実質的に終了し、行政協定などの交渉に移った。こうして、一〇月には全文一〇カ条と「事前協議事項」などの交換公文二つを内容とする「日本国とアメリカ合衆国との間の相互協力および安全保障に関する条約」の全容が明らかにされた。

安保条約改定阻止の運動

新安全保障条約に対する反対運動は、広汎な基盤に支えられて展開した。最初に組織的な取組みを展開したのは、総評や社会党を中心として五九年三月に結成された「安保改定阻止国民会議」であった。その結成大会には、総評、社会党、共産党など一三四団体が参加し、安保条約の改定を阻止し、その廃止を要求するとともに、進んで日本の積極的中立を実現させることを共通の目標として、国民の関心を盛り上げることが運動方針として採択された(『朝日年鑑』一九六〇年版)。

図1-9　国会構内へ入る請願デモ隊(1959年11月27日)(前掲『日本の歴史㉑ 国際国家への出発』)

これに基づいて、第一次統一行動が四月一五日に総評の春闘第六次統一行動にあわせて実施され、その後毎月のように全国的な統一行動が、五九年中だけで一〇次にわたって取り組まれた。このうち、第八次の「一〇万人の請願デモ」では実際の参加者が警察庁調べでは三万人に満たなかったと報告されている(同前)。国民の関心は予想外に盛り上がりを欠いていたというのが実態であった。運動に指導的な役割を果たしていた労働組合の幹部たちのなかでは、警職法反対運動に較べて反応の鈍い状況に対して「安保は重い」という言葉がつぶやかれていた。

とくに、この第八次統一行動でデモ隊の一部が起こした国会構内乱入事件は、国民会議の運動にとって大きなつまずきとなった。「世論からは空前の不祥事として批判され、この結果運動自体も一時的に後退し」た(『朝日年鑑』一九六一年版)。

その一方で、安保改定への反対声明を出す団体が次第に増え、学者を主体とした「安保問題研究会」(五九年三月発足)、作家・評論家を中心に映画・演劇人など各方面の文化人をふくむ会員一万人を集めた「安保批判の会」(五九年一〇月発足)などが行動を開始していた。これに対して、安保改定賛成側の「新日本協議会」や「安保推進学生連盟」の結成などもあり、労働運動とは異なる基盤のうえに、国民レベルでは静かに関心が高まっていた。

こうした状況は六〇年四月頃まで大きくは変わらなかった。なかなか届かない国民の反対の声を結集するため、雑誌『世界』の五月号に清水幾太郎は「いまこそ国会へ」を書いて請願運動への参加を呼びかけた。

しかし、五月二〇日未明に衆議院で新安保条約の承認が強行採決されると、安保反対運動は一挙に倒閣運動という色彩を強めて全国的に激化した。ややもすれば、「行事化」する傾向にあった統一行動を中心とする反対運動がこれほど変質したのは、「岸政権の政治感覚の欠如こそが歴史的混乱の最大原因だった」と指摘されているように(同前)、強引な議会運営に対する怒りの高まりであった。こうして「民主主義の根底がゆさぶられた」といわれるほどの激動の一カ月が始まった。

強行採決と自然承認

五月一九日、二六日に迫った通常国会会期の延長と新条約の衆議院通過をねらった自民党は、午後一〇時二五分の衆議院本会議開会の予鈴を合図に、安保特別委員会で質疑の打ち切りを可決し、さらに議長室前の廊下に座り込む社会党議員及び秘書団を五〇〇人の警官が殺到してゴボウ抜きにし、自民党議員団が清瀬一郎議長を本会議場に担ぎ込んだ。そして、議長は会期延長を数分で可決した後、本会議での討論も何もないまま、新条約と関連する行政協定案の可決を宣言したのである。

翌日以降、この強硬策に抗議して野党は国会を完全にボイコットした。前年に起きたデモ隊の国会乱入に批判的なまなざしを向けた世論は、議会での多数を恃《たの》んだ強行採決にも激しく反発した。新聞など報道機関も一斉に政府・自民党の責任追及に転じ、岸内閣の退陣と衆議院の解散を迫る大衆運動が院外で広汎に展開することになった。これに対して、岸首相は強気を維持し、「院外にあふれる岸内閣打倒の声」ではなく、「声なき声を聞け」と述べるほどであった。

岸内閣への批判の声は、国会周辺のデモに限らず、地方にも広がった。六月四日に国民会議は全国で五六〇万人（総評発表）を動員する空前の統一行動を行った。しかし、このような盛り上がりの反面で、安保改定阻止の運動は、その目的を達成するための「決め手」をもっていなかった。衆議院を通過している以上、六月一九日には参議院の議決がなくても条約は成立することになっていたからであった。

そのため、日を追うごとにデモ隊のスローガンには、岸退陣をねらった、アイゼンハウアー大統領の訪日阻止を叫ぶ者が増え、それが六月一〇日には羽田空港におけるハガチー事件となり、一五日に国会構内で東大生樺美智子が死亡する悲劇を招いた。その夜、ラジオ関東の実況放送の記録には、「あッ、今、首をつかまれました。今、放送中でありますが、警官隊が私の頭をなぐりました。……すごい暴力です。この状態、法律も秩序も、何もありません。ただ憎しみのみ。怒りにもえている警官と、そして学生たちの憎しみあるのみ……」(前掲『日本政治史4』)というアナウンサーの声が残っている。そうした混乱と対立のなかで、政府は大統領訪日を延期するよう要請せざるを得なくなった。

国会周辺へのデモがピークを迎える一四日から一五日にかけて、岸首相は、大統領訪日を実現するために、自衛隊の出動を赤城宗徳《むねのり》防衛庁長官に要請した(沢木耕太郎『危機の宰相』)。革命前夜の様相を呈した反対運動に政府は危機感を募らせていた。しかし、この要請は受け容れられなかった。警察力の弱さが混乱の原因と考える岸首相は自衛隊の出動による治安回復に期待したが、それは、「国民の中核となって武器を持って立ち上がるという使命を持っている武装部隊を、国民に向けることだけは絶対にやらん」という反対意見によって阻止された(後藤田正晴『情と理』上)。

　こうして政府の危機意識が募るなかで、六月一九日午前零時に新安保条約は自然承認となった。政府は二一日に持ち回り閣議で批准を閣議決定し、天皇の認証を経て国内手続きを完了し、二三日に東京芝白金の外相公邸で藤山外相とダグラス・マッカーサー二世・アメリカ大使の間で批准書が交換された。一〇分ほどのあっけない幕切れであった(『朝日年鑑』一九六一年版)。

岸内閣の退陣

　新安保条約の発効を受けて、同日「新安保条約発効に際し、人心を一新し、国内外の大勢に適応する新政策を推進するため」岸首相は総辞職を表明した。この年、年頭の記者会見では、「安保改定は私の引退の花道ではなく、政局担当のスタートだ」と長期政権維持の意欲を示していた岸首相は、その議会制民主主義を無視した強引で時代錯誤的な政治手法によって、国民の反発を買い、その支持を失っていた。

　五九年二月の朝日新聞の世論調査で、岸内閣への支持二八%に対して、不支持三四%であり、内閣交替を求める声が回答者の四二%となっていた(『朝日年鑑』一九六〇年版)。それから一年半ほどで支持率は一二%まで低下した。安全保障条約改定を政治的な使命だとして、これを実現することによって政権基盤を強化することを意図した岸政権は、その思惑とは異なり、この問題の処理を誤って退陣することになった。

　岸の後継総裁選びは、党内の派閥対立が前面に出た激しい争いになり、「官僚派」と「党人派」の対立のなかで、自民党は事実上の分裂状態といわれるほどの混乱に陥った。次期総裁候補と目されたのは、池田勇人、石井光次郎、大野伴睦、そして次の次をねらって立候補を表明した藤山愛一郎などであった。その間、「総裁、総理分離論」や「暫定総裁論」「選挙後本格総裁公選論」などが浮かんでは消え、結局、臨時党大会において池田が石井との決選投票の結果、多数の支持を受けて次期総裁に当選した。

テロの台頭　国会の内外を混乱に陥れた安全保障条約をめぐる政治的な対立のなかで、安保改定の促進や「反共」を叫ぶ右翼団体の活動も活発化し、「行動右翼」のテロ行為を生んだ。

安保反対の大衆運動に対して、岸内閣は「右翼団体を有形無形に援助し、安保改定の促進役として右翼に財界の一部からも資金が流れ」(『朝日年鑑』一九六一年版)、右翼団体の設立が相次いだ。そうしたなかで、安全保障条約自然承認直前の六月一七日には社会党・河上丈太郎に対する襲撃事件が衆議院面会所で発生し、さらに七月一四日には池田総裁祝賀会が開かれていた首相官邸で岸前首相が襲われるなど、テロ事件が続いた。

右翼の不穏な動きはそれ以前から予測されたことであった。このような政治家への暴力事件とは別に、右翼団体「維新行動隊」が安保反対を叫ぶデモ隊を襲撃する事件(六月一五日)が起こり、三井三池争議への介入や毎日新聞社襲撃も起きていた。また、原水爆禁止世界大会や勤務評定反対闘争への妨害など、数年の間に右翼が政治勢力として台頭していることを示す事件が重なっていた。安保採決を強行した五月一九日の国会や自民党大会では、右翼団体のバッジを着けた団員が入り込んで、これらの団体と自民党との癒着が問題視されていた。

六〇年一〇月一二日に開かれた三党首公開演説会における、浅沼稲次郎社会党委員長刺殺事件は、このような右翼団体の動きのなかから生まれた。それは、戦前の暗黒時代を思い起こさせるようなテロ活動であった。「議会主義の擁護」を叫んでいる浅沼委員長の命を、聴衆の面前で右翼の少年の凶刃が奪った場面は、テレビやニュース・カメラを通して報道され、国民は憤った。海外でも、『ロンドン・タイムズ』は「日本における民主主義の将来は絶望だ」と極論し、『ニューヨーク・タイムズ』もこの暴力行為は、日本の不確かな民主主義に「喪衣を投げかけるものだ」と日本の民主主義の危機を指摘した(『朝日年鑑』一九六一年版)。

岸政権は、議会制民主主義を無視することによって、テロの台頭という不安な時代状況を作り出した。そして、そのような政治体制に人々は明確な反対の意思を表明していた。対決姿勢をむき出しにした政治体制の転換が求められていた。

7　五五年体制と戦後民主主義

安保改定問題を通して、一貫して強硬な政治対決の姿勢を貫いた岸内閣は、安全保障条約の不平等性を改善するうえで一定の成果をあげたとはいえ、その主要な政策構想(憲法改正、日銀法改正、独占禁止法改正)の多くを実現することを阻まれた。

原水爆禁止運動に象徴されるような戦後の平和運動は、憲法改正・再軍備という政権の骨格をなす政策構想の実現を、野党勢力が議会で三分の一以上を占める状況を作り出すことによって阻止した。

改憲論の挫折――憲法問題調査会

憲法改正は鳩山内閣の重要な公約であった。そのため、五六年一月末の通常国会に提出された憲法調査会法案が成立すると、ただちに政府は、憲法改正案の検討に着手した。これに対して社会党・鈴木茂三郎委員長は「護憲国民連合と協力して憲法改悪反対の署名運動を展開する」と声明し、その後も保革対立の最大焦点の一つとなった。もっとも、五六年七月の参議院議員選挙において、革新勢力が参院議席の三分の一(八四名)以上の八六名を確保したため、少なくとも事実上、三年間は改憲は困難となっていた。

このような状況のもとで法律施行から一年二カ月後、岸内閣は棚上げ状態の憲法改正問題の議論を開始するため、憲法調査会委員を任命した（会長・高柳賢三）。これに先だって、岸首相は鈴木社会党委員長に対して社会党も調査会に参加するよう要請した。しかし、社会党はこれを拒否した。社会党は、「調査会の運営が民主的に行われるとしても結局はこの調査会は憲法改正への手段に使われる」と不参加理由を発表した。

憲法調査会は、五八年にかけて現行憲法の制定経過と憲法運用の実際について調査・審議を進めたが、実質的には、政府・与党が意図した「憲法改正草案」のとりまとめには遠く、その思惑には従わなかった。

他方で、このような官製の調査会に対抗するように、大内兵衛《おおうちひょうえ》法政大学総長、茅誠司《かやせいじ》東京大学総長らが呼びかけ人となった憲法問題研究会が五八年六月に発足し、「憲法の基本的原理とその条章の意味をできるだけ正確に研究する」ことを目的として活動をはじめた（『朝日年鑑』一九五九年版）。

こうしたなかで、結局、与党が議会で三分の二の議席を確保できない政治情勢は変わらなかったから、当初のかけ声とは裏腹に、改憲実現はまったく見通しのない状況であった。

独占禁止法問題懇談会

財界の要望を受けて通産省が独占禁止法改正に着手したのは五五年のことであった。産業合理化審議会組織部会に対して、通産省内で検討した改正方向に関する要綱を提示して、改正の可能性を探りはじめたのである。

この時期の改正案の基本的な考え方は、現行法を「弊害規制主義」に全面的に転換すること、つまり弊害がある時に限り、カルテルなどの共同行為を排除するという原則への転換であった。その意味で、この改正は財閥解体政策による経済民主化の基本的原則の変更、戦前的な競争政策への転換を目標としていた。それは、産業の組織化によって「生産集中・経営集中・資本の集中等企業集中の各形態を通じて質的・量的な生産効果、コスト効果、投資効果を上げること」を重視していたが、実質的には戦前のような「独占の自由」を求めていた(前掲『通商産業政策史』第五巻)。

しかし、こうした考えに基づいてまとめられた「独占禁止法改正案要綱」に対する産業合理化審議会組織部会の反応は、必ずしも好意的なものではなかった。そのため通産省は、新たに通産大臣の私的諮問機関として独占禁止法問題懇談会を設置し、その検討に委ねる形で改正案のとりまとめを追求した。

この間、通産省は、独占禁止法の適用除外立法として、基礎産業部門における産業組織化促進法の構想を推進しようとする動きを見せた。それは、成長を期待しうる自動車・石油化学などの合理化促進、鉄鋼を代表とする基礎産業における需給安定化のカルテル、構造的な不況に陥った業種に対する設備投資調整のためのカルテルを認めるものだった。しかし、この法案は各方面から強い反発を受けた。公正取引委員会が独占禁止法の原理的転換に絶対反対の姿勢を堅持したのはもちろん、産業界の反応も政府の許認可権の拡大には警戒的であったために、実現には至らなかった。

こうした経緯を経て、岸内閣において、五七年一〇月に独占禁止法審議会が設置され、改めて全面的な改正案が検討された。同審議会は、次期国会へ提出されるべき改正案の骨子を答申することを基本的な目的としていた。この審議会が行った調査によると、各団体の意見は、①産業団体、金融団体及び貿易業団体より提出された独占禁止法の大幅緩和の要望意見、②消費者団体、中小企業団体、農業団体より提出された独占禁止法緩和反対あるいは同法強化を要望する意見、③造船業、商業団体、その他諸団体より提出された大幅緩和に反対する意見に分かれた。経済界の中でも中小企業団体が改正に反対であり、造船業界などが「独占禁止法の緩和によって得られる実益は殆ど期待できない」と慎重な意見を示すなど、意見が分裂したことに、この時期の改正問題の特徴があった。

審議会が五八年二月に岸首相に提出した答申は、①の意見に近く、独占禁止法の原則の転換を意図するものとなっていた。しかし、これを受けた政府の法案化作業は難航した。争点は、緩和されるカルテルなどの設立に関する許認可権の帰属問題であった。この問題は、認可権を公正取引委員会に残し、産業を所管する大臣が経済政策的観点から意見書を添付し、公正取引委員会に申請書を提出するという形を採ることで決着した。

こうしてとりまとめられた独占禁止法改正法案は、五八年一〇月に国会に提出されたが、これと前後して、院外では激しい反対運動が展開されることになった。当初関心の薄かった農業、消費者、中小企業などを基盤とする各団体は、改正案の内容が明らかになるにつれて次第に反発を強めた。五三年法改正問題の展開のなかでは、必ずしも明示的な運動を起こさなかった独占禁止法の支持勢力が改正案に対する反対勢力として立ち現れたことは、独占禁止法制がようやく日本に定着したことを示していた。

しかも、この国会は警職法案をめぐり紛糾したため、社会党との対決が避けられず、与党内でも異論のある独占禁止法改正案の審議による紛糾を懸念した政府の判断により、結局、一度も実質審議が行われずに審議未了、廃案となった。

廃案後、経団連は「無理な手直しを行ってまで再提出すべきではない」との方針を確認した。改正に慎重になった最大の理由は、これ以降、国会が安保条約改定問題を焦点として激しい対立状態にあり、法案の成立が見込めない政治状況になったためであった。

日銀法改正問題

経済面ではもう一つ重要な制度改正が企図された。それは日本銀行の独立性にかかわる日本銀行法改正問題であった。

占領期から戦後復興期には、GHQの信任を背景として日本銀行は、一万田尚登総裁のもとで金融政策における自律性を保っていた。制度的にも、その独立性を保証するために政策委員会の設置を定めた日銀法改正が四九年に実現していた。『日本銀行百年史』はその事情を次のように述べている。

> 占領期間中、政治・経済その他いっさいの問題とともに金融政策の運営も連合国最高司令部の統轄下におかれたが、中央銀行としての本行に対する最高司令部の信頼感はきわめて高かったので、……当時の民主化の風潮のなかで、政府ないし大蔵省に対する本行の地位は著しく高まり、金融政策運営上も高度の自主性を維持した。この点既述のように、戦時期において本行が行政機関化するなかで、政府・大蔵省に対する地位が著しく低下していたのと全く対照的な事態であった(『日本銀行百年史』第五巻)。

このような日本銀行の自律性は、公定歩合操作だけでなく、産業向け資金配分に関する日本銀行中心の調整にもあらわれていた。しかし、五五年頃からまず資金配分に関して、「財政投融資の見直し」が銀行業界から要請された。それは、日本開発銀行などが、民間銀行の融資機会を奪っているので、政策金融機関は質的に重要な分野にとどめ、量的な面は民間銀行融資に委ねるべきだという主張であった。

さらに、池田勇人大蔵大臣は、石橋内閣の積極政策実現のため、日本銀行の金利引上げに強く反対した。そして、この時期以降、公定歩合の引上げは、形式的には日本銀行の決定事項であるが、実質的に大蔵省の所管事項になった（中村隆英・宮崎正康編『岸信介政権と高度成長』）。

こうした流れのなかで、かねてから日銀政策委員会を廃止し戦時期に制定された日本銀行法に規定された広汎な権限を回復しようと目論んでいた大蔵省は、金融制度調査会を設置して、金融調節の政策手段として新たに準備預金制度を導入し、さらに日本銀行法改正による政策委員会制度廃止を企てた。大蔵省の主張に対して、調査会の意見の大勢は日銀の独立性を維持することを支持した。そのため、政策委員会廃止の答申をとりまとめる動きが見られたものの、最終的には両論併記の答申となり、改正の意図は貫徹されなかった。

この経過を日本銀行側から見ていた吉野俊彦は、岸政権の基本的な性格について、「旧大日本帝国憲法以来の行政権優越の、日本の官僚の力をいかに保持するか」にあり、日本銀行法の改正がその意味では、金融政策における大蔵省の復権の試みであったと回想している（同前）。

以上のように、一九五〇代後半に入って、保守合同後の鳩山内閣、岸内閣が主要政策として取り上げた、①日本国憲法の改正、②独占禁止法の改正、③日銀法の改正は、保革の対立が続く議会の事情や、改正に反対する院外の活動などを通して実現を阻まれた。これらはいずれも、第二次世界大戦後の改革の時代に、新しい時代を象徴した重要な法的な制度であった。憲法だけでなく、経済関係の基本法ともいうべき独占禁止法も、五三年改正を超えるような再改正は支持を得られず、また、金融制度面で戦時体制からの訣別を明確に規定した政策委員会制度に基づく日本銀行の独立性を制限することには慎重な判断が下された。

もちろん、これらの問題の実質的な推移を見れば、憲法改正は実現しなくとも自衛隊の戦力増強は、ＧＮＰ一％以内という防衛費の枠のなかで経済成長とともに着実に進み、独占禁止法の適用除外立法が多数成立し、金融政策面でも大蔵省の権限が強まるなどの側面があったことは否めないだろう。しかし、戦後に成立した政治体制の基本法も、経済体制の基本法も、原則を維持することが選択されたことは確認されてよい。

安全保障条約の改定問題を最優先課題とするために岸内閣が、党内での対立を生む可能性もある政策課題を全面的に推進することができなかったことが影響していたとはいえ、このような政策課題の挫折は、戦後改革によって基盤を作り出されてきた戦後の民主主義が、改革の基本原則を維持するという形で、その定着ぶりを示したということができる。安保改定問題に対する国民の幅広い抵抗も、その安全保障問題に関する関心の高まりだけではなく、その審議手続きの強権的な性格が強い反発を呼んだからにほかならなかった。

政治の季節の終わりは、強い労働組合の時代の終わりでもあった。三池争議における労働側の敗北は、戦後復興期から続いていた「強い労働組合」「闘う労働組合」の時代が終わったことを告げていたからである。戦後復興期の労働運動は戦闘的な方針によって経営側と対決し、労働条件の改善を勝ち取ってきた。その結果、労働分配率は改善の兆しを示していたが、その反面で、企業はコスト高から成長を阻害されていた。五五年からの生産性向上運動(本章5参照)などの新しい流れと、春闘方式による賃上げの定着のなかで、このような激しい闘争方針は次第に後退した。そこにはもはや、自ら勤める企業の工場に「ぺんぺん草が生えても闘う」(企業がつぶれても構わない)という労働組合は見出しにくくなっていた。

協調的な労使関係への歩みは、敗戦直後の経済同友会が「企業民主化」の私案のなかで提唱していた企業像への回帰であった。この考え方は、戦後の混乱期に生活防衛に迫られて労働者が企業の利益を損なうことがあっても賃上げを求めなければならない状況のなかで忘れかけられていたものであった。経済成長の本格化は、こうした戦後改革期の考え方が現実的な選択肢となることを可能にするものでもあった。

第2章　投資競争と技術革新——経済の季節

1950年の広告（天野正子・桜井厚『「モノと女」の戦後史』有信堂高文社，1992年）

1 経済自立から所得倍増へ

経済計画の時代

高度成長期は政府の経済計画が次々に公表された時代でもあった。「経済成長」への関心は、そうした計画の立案作業のなかで育った。

独立直後の政府は、日米経済協力に基づき経済自立の達成を目標に日本経済の将来像を描き、採るべき施策を探った。

この初期の計画は、合理化に基づく輸出振興と、重化学工業化に重点をおくものであった。アメリカからの援助を引き出すには武器・兵器生産の拡大・発展を期するだけでなく、その基礎となる重化学工業部門の充実が不可欠だったからである。同時に日米関係の重視が、戦前に最大の輸出市場であった中国との関係改善を遠のかせ、輸出拡大を制約していたからでもあった。一九五三年一二月に作成された経済安定本部の岡野(清豪《きよひで》)構想「わが国経済の自立について」などがその代表的なものであった。

このような作業を受けて、五五年初めに鳩山一郎内閣は経済審議庁の作業に基づいて「総合六カ年計画」を策定することを経済政策の基本に据えることとし、「我国経済の自立を達成し、かつ、年々増大する労働力人口に十分な雇用の機会を与えること」を計画目標に設定した。

これまでの政策運営が、総合的な計画性、見通しを十分にもっていなかったために、積極的な拡大が短期に国際収支の危機を招いたことを反省し、六〇年を目標年次として五七年までの前半三年間で、特需に依存せずに国際収支の均衡を実現し、後半三年間に経済の拡大発展によって完全雇用の達成を図るという目標を掲げた。「国際収支の均衡」と「完全雇用の達成」の二つの目標を掲げたことは、それまでの諸計画と比べると雇用問題を重視したことに特徴があった。吉田路線の「軽武装・経済重視」に対して、「再軍備・社会安定」を基本路線とする鳩山・岸と続く民主党系の政策志向が色濃く出た目標設定であった。

完全雇用のための高成長志向

鳩山内閣は、未だ概括的であった六カ年計画案について、五五年七月二〇日に経済審議庁を経済企画庁に改組し、この新たな体制のもとで、経済審議会に審議を委ねて長期経済計画案の具体化を図った。審議会でまとめられた計画案は、二つの目標のうち「完全雇用の達成」をより重視したもので、現実の経済状況から見れば無理な想定と批判をされる面ももっていた。

たとえば、通産省は、第二次産業部門に大幅な雇用吸収を期待し、労働生産性の上昇を抑えることは不合理であり、生産性の上昇が、ある程度進展することを考慮すれば雇用拡大には限界があると判断していた。「完全雇用の達成」という民主党内閣の政策目標を優先すると、生産性の上昇には障碍となり、国際競争力を損ない、日本経済の自立を妨げると考えられたのである（前掲『通商産業政策史』第五巻）。

このような政府部内の批判を受けてまとめられた「経済自立五カ年計画」は、五五年一二月に政府の最初の正式な経済計画として閣議決定された。これによると、最終的には、完全雇用をうたった当初案の後半三年の目標を「経済規模の拡大と雇用機会の増大」に修正していた。そして五カ年計画は、計画達成の基本的な施策として、産業基盤の強化や漸進的な貿易自由化体制の整備、自給度向上のための国内資源活用や新産業の育成などを求めることになった。こうして五カ年計画は、それ以後、政府の政策立案の指針として経済政策の大枠を示し、その具体化について関係省庁の検討・立案を求めていくことになった。

この計画の想定した成長率の目標値は五％であった。それは、当時の多くの関係者が高すぎる目標と感じたものであった。しかし、「完全雇用」という目標を実現すると同時に、通産省などの批判をかわすためには、合理化・近代化を通して削減される雇用を吸収するだけの経済規模の拡大、つまり、高成長を想定することが必要だった。そして、その思惑は、予想を超えて実現されていくことになる。

長期経済計画の策定

「経済自立五カ年計画」の目標数値の多くは、年率七・五％という神武景気下の順調な経済成長によって、計画期間の半ばもいかないうちに達成される見込みとなり、しかも、急速な経済拡大に伴うさまざまな問題点も顕在化し、「経済の安定的成長のための新たな指針作成」が痛感されるようになった。政府は、五七年二月、改定の必要を認め、具体的な作業に入った。その結果、経済審議会の審議に基づいて、一二月に「新長期経済計画」が閣議決定された。

新計画は、五八～六二年度の五年間の平均経済成長率を六・五％に設定した。この計画も、輸出振興を通じた鉱工業生産の拡大を企てていた。しかし、これまでの計画と比べると、一人当たり三八％という消費水準の上昇を想定したことに特徴の一つがあった。家庭電器製品などの耐久消費財の普及による生活の高度化が進み、ある程度完全雇用状態に近づいていくことが予想されていたからである。輸出では、「雑製品、薬剤化学製品、機械、非金属などの大幅進出が見込まれ」、これに対応して「将来輸出産業の中心となるとみられる機械、金属、化学工業を主体とした重化学工業部門の生産増強に重点が置かれる」ことになっていた(同前)。

このように、内容的には経済自立五カ年計画の見直しという性格が強いものであったが、新長期経済計画では、「特需からの脱却」という意味での経済自立から、「より高い、安定した経済成長の実現」へと計画目標が転換した。それは、「消費を抑制して投資を拡大する」という五〇年代前半の政策スタンスから、国民生活の質的向上をも見通すものへと転換したという意味でも重要であった。日本経済は確実に階段を一段上った地点にいた。

この間、日本経済の発展が産業構造の重化学工業化を基盤とする輸出拡大によって果たされねばならないという、経済構造の将来像は一貫していた。そのために、後述するようなさまざまな政策努力が続けられることになった。

所得倍増への期待と成果

安全保障条約改定問題にかかわる厳しい政治的対立の時代を転換するために、池田内閣がその政策の基本においたのが、「国民所得倍増計画」であった。この計画は、岸内閣期に池田の意見を入れて経済審議会で検討が開始され、新内閣成立後、六〇年一一月の答申に基づいて同年末に閣議決定された。

一一カ月間に延べ二〇〇〇人の専門家を動員して策定されたといわれるこの計画は、一〇年間で日本の経済規模(国民総生産)を二倍にすることを目標とし、そのため、先行する計画よりさらに高い経済成長率、平均七・二%を設定した。しかも、池田首相の強い意向で、最初の三年間に九%という成長率が設定された。一〇年後の七〇年には一人当たり消費支出が一・三倍に増加し、鉱工業生産は四・三倍、輸出は三・五倍となることが計画目標値であり、これによって完全雇用にほぼ近い状態が実現すると考えられていた。

池田内閣は、「安保の悪夢」を断ち切るために総選挙の時期を四カ月先に延ばし、この所得倍増計画という経済政策面での新しさによって「新政権の魅力」を印象づけようとした。一一月の総選挙で自民党は二九六議席を確保した。これに対して、テロの凶刃に倒れた浅沼委員長の遺志を継ぐと結束した社会党も一四五議席を確保し、安保条約への態度をめぐって社会党か

表 **2-1**　国民所得倍増計画の主要指標

	基準年	目標年	増加倍率
国民総生産(億円)	97,437	260,000	2.67
国民所得(億円)	79,936	213,232	2.67
1人当たり国民所得(円)	87,736	208,601	2.38
1人当たり個人消費支出(円)	63,636	147,883	2.32
民間設備投資(億円)	15,290	36,210	2.37
鉱工業生産水準	100	432	4.32
農業生産水準	100	144	1.44
就業者数(万人)	4,154	4,869	1.17
総エネルギー需要(石炭換算千トン)	131,815	302,760	2.30
輸出(通関ベース 100万ドル)	2,701	9,320	3.45
輸入(通関ベース 100万ドル)	3,126	9,891	3.16

ら分裂した民社党の凋落を尻目に大きく躍進した。安保反対運動での政府批判の盛り上がりを考えれば、この結果は政府にとっては望外というべき勝利であった。経済成長政策を前面に出すことによって「国民に夢を与える」という選挙戦略はそれなりの効果をあげた。

しかし、その限界が露呈するのにそれほど時間はかからなかった。皮肉なことに、所得倍増計画が政策の中心に据えられて以後、消費者物価の上昇など急激な成長政策がもたらす「ひずみ」が問題視されるようになったからである。

成長政策への批判が登場し、高成長が持続することに対する疑問が提示されるなど、日本経済の将来像に関する議論が活発化した。その一方で、東京新聞の世論調査では、所得倍増計画が「生活を苦しくさせた」との評価が三五％を上回り、

「生活を向上させた」という肯定的な評価は八％弱であり、「一部向上一部低下」の三二％を合わせて漸く四割に届くにすぎなかった。とりわけ物価の値上りに対する懸念が強く、物価が「上がりすぎだ」と批判的な声が五二％となっていた(六一年一〇月三日、東京新聞調べ)。しかも、「もっとひどくなるだろう」との予想が六割近く、物価問題が国民生活の安定を脅かすことへの不安が高まっていた。

2　投資とその制約要因

外貨制約と成長率循環

一九五五年以降、日本経済は、「高度経済成長」と呼ばれることになる高成長経済へと着実に歩み始めた。好況期の実質成長率は一〇％前後の高率となり、短期間の低成長率の時期を挟んだ循環的な経済拡大であった。経済成長率が、戦前のように大きくマイナスとなることがない反面で、成長率がプラスの範囲内で上下することから、「成長率循環」と表現された。

高成長経済への移行は、成長率の変動が生じたとはいえ、しばしば資本主義経済を揺さぶった激しい恐慌を回避しているという意味では、大きな変化であった。それでも、成長率が低い調整期には、失業の増加や中小企業を中心とした企業倒産の増大などの深刻な問題を生み出し、日本経済は底の浅さを露呈した。

このような短期の変動は、六〇年代前半までの日本経済が、未だに国際収支の基盤が弱く、外貨の蓄積の少なさに制約されていたからであった。朝鮮戦争期以降の日本では、戦争による特需が経済拡大の基盤となり、その間に、特需に依存しない国際収支の均衡を実現することが、「経済自立」の達成指標と考えられていた。その目標実現のために、五四年度の『経済白書』は、「目標は国際収支の改善にある。輸入の削減も国内購買力の圧縮もその目標を達成するために必要なのだ。景気を後退させることは目標でなくして手段なのである。国民の所得を無理に縮めなくても各人がその所得のうち消費に充てる割合をできるだけ抑え、同じ消費でもなるべく外国の品を買わないようにすればそれだけ目的に近づく」、「たとえば煮物をし、コーヒーを飲む時の砂糖を一人一日に一サジ節約するだけで年間約一千万ドルの輸入負担の軽減になり、それだけ他の重要工業原料の輸入をふやす余地を生むことができる」と書いていた。

それから一年後の五五年に、日本経済は「経済自立」をようやく実現した。しかし、それでもなお、外貨の蓄積は不十分であったから、政府はその少ない外貨を有効に使って、企業の合理化を進め、貿易収支を改善することに努めた。

経済の成長のためには、設備機械、原材料などを輸入しなければならなかったが、そのための外貨が不足していたからである。輸出によって外貨を稼ぎ、それによって技術革新を進め、

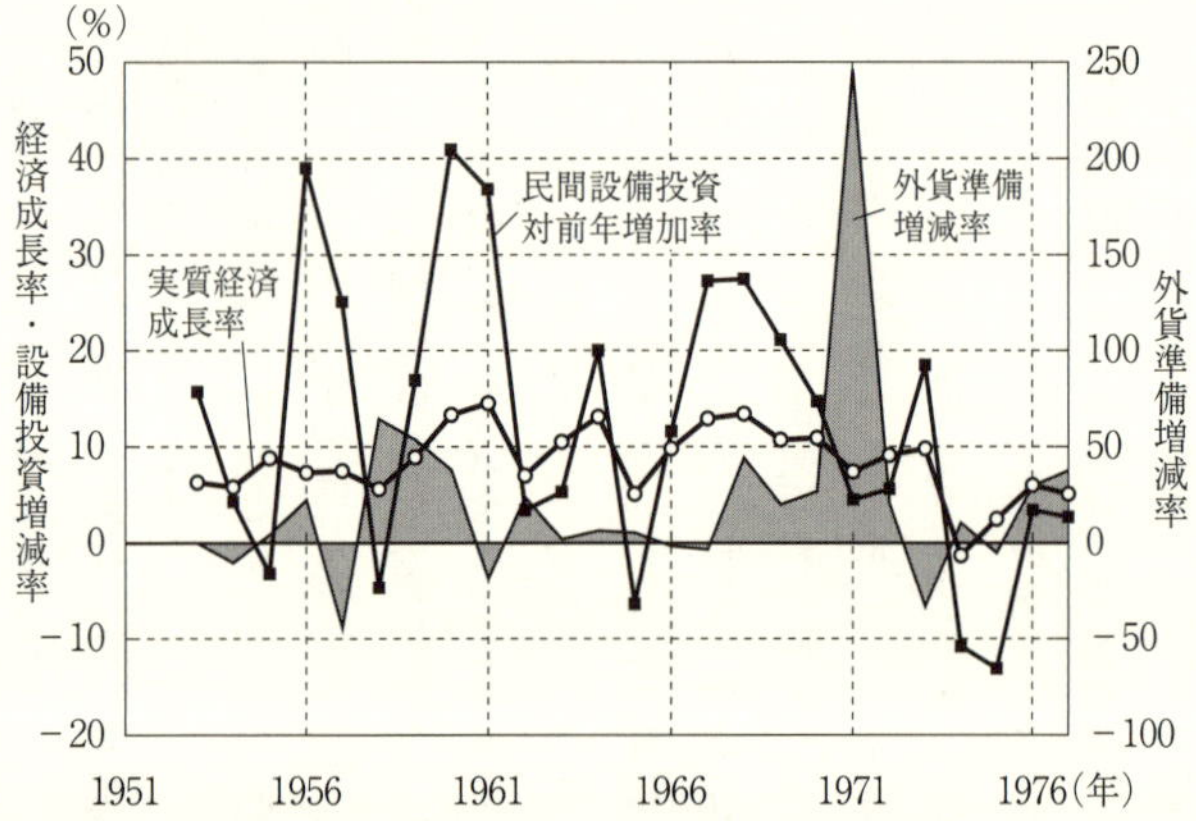

資料：1977年版国民所得統計

図2-1　GNP・設備投資・外貨準備の対前年増減率

産業の国際競争力を上げなければならなかった。投資が拡大し、経済が好景気に向かうと、決まって原材料等の輸入が増加し、貿易収支が悪化して「外貨の天井」にぶつかった。だから、五五年以降も、日本は外貨の準備状態を指標にしながら、「ストップ・アンド・ゴー」の景気政策を繰り返した。

高度成長期の経済成長率と設備投資の伸び率、外貨準備の増減率を示した図2−1によれば、高い成長期には、大幅な設備投資の増加が見出され、その落ち込みと成長率の低下も連動していた。これに対して、外貨準備は、成長率が高くなるとその半ばころから急速に増加が鈍り、外貨準備の蓄積を損なうことになった。そして、景気が引き締められるとともに増加に転じるというずれが見出された。ストップ・アンド・

ゴーは、このように外貨準備をブレーキとし、設備投資をエンジンとするものであった。

こうして、五三年の消費景気、五四年のデフレ期、五五年からの数量景気・神武景気、五八年の「なべ底不況」、五九年からの岩戸景気という経済循環のなかで、成長の高い山が記録される一方で、激しい投資の落ち込みも発生した。この間、景気上昇のきっかけは、世界経済の好転、輸出の拡大、あるいは国内消費の拡大、投資の活発化などであった。これらの要因がさまざまな形で絡みあい、そのときどきでそれぞれ重要な影響を与えた。しかし、共通しているのは、国際収支の悪化による外貨危機の発生によってまず金融面から引締政策が展開され、経済拡大にストップをかけ、景気の後退局面へと導いたことだった。

「外貨の天井」を高くすることは当時の日本では至上命題であった。だからこそ、東南アジア諸国との賠償交渉において、将来の輸出市場として育成することが追求された。

投資が投資をよぶ経済

好況期に設備投資が活発化して輸入が拡大したのは、激しい投資競争が展開されたからであった。経済計画が高い成長率を設定し、そして実績がこれを常に上回っていくと、企業行動はますます積極的になった。現状のマーケット・シェアを維持するためにも、とどまるわけにはいかず、速いスピードで走り続けなければならないと考えられた。そこには経済計画のアナウンスメント効果が働いた面があり、場合によっては「過当競争」と批判されるような競争の過熱も発生した。

設備投資の拡大は投資財を生産する重工業企業に拡大のチャンスをもたらし、それまで外国から輸入されていた設備機械なども次第に国産化が進んだ。産業間の有機的関連が強まり、それらが相乗効果を発揮しながら拡大が続いた。

こうして「投資が投資をよぶ」とよばれる経済状態が出現した。それは、投資拡大が連鎖的に関連産業の投資拡大を呼び起こすという特徴を捉えたものであった。しかし、それだけではなく、同一部門内でも競争相手の後塵を拝さないようにと活発な投資競争が展開された点でも、「投資が投資をよぶ」状態だったということもできる。

早い成長の要因は、活発な企業行動だけではなかった。国際通貨体制が安定し世界貿易が拡大したことは、輸出が経済発展の鍵を握ると考えられていた日本には好都合であった。他方で、政府が国内産業の競争力強化に政策的なさまざまな助成を行ったことも、この時期には有効であった。このような政策的な介入と政策目標の設定に関して、六〇年代前半まで大きな異論はなかった。日本は「後進国」であり、資源に乏しく、日本の産業は矮小である、などが共通認識であり、それが過剰なまでに意識されていたからである。

石炭政策の迷走

資源小国という認識が政策決定に重大な影響を与えたのが石炭政策であった。

電力不足に象徴されるエネルギー供給の逼迫《ひっぱく》は、復興期の産業合理化を制約したから、石炭の増産が強く求められた。限られた天然資源のなかでは、高い自給率を実現できた石炭に解決の基礎を求めていた。しかし、朝鮮戦争によるブームが一段落すると、物価上昇や、戦時からの濫掘による資源の枯渇、設備の老朽化などによるコスト上昇を反映して、石炭価格が高騰したままとなり、エネルギー供給上の制約要因となった。

それでも、政府は石炭生産の拡大に問題解決の道を求めていた。外貨を節約するために貴重な国内資源である石炭を有効に利用することが必要と考えられた。これに対して、輸入石油の増加によってエネルギーの供給不足を解消するとともに、相対的に安価な石油の利用がコスト引下げ・国際競争力の向上にも有効だとの考え方も、産業界にはあった。

しかし、石炭鉱業の合理化を中心とするエネルギー政策は、外貨危機につながる重油使用の増加を抑制しつつ、石炭鉱業の合理化を図るという方向で進められた。そのため、石油を必要とするボイラーの設置を制限すること(炭主油従政策による重油専焼ボイラー設置制限)を前提に、五五年に石炭鉱業合理化臨時措置法が制定された。

この計画は、石炭のコスト引下げによって石油と対抗できる価格水準でエネルギー供給の責任を国内資源に担わせることを目標とした。ところが、神武景気に伴う石炭需要の増大とスエズ動乱による国際的な石油供給不安が重なって、「低廉で安定した供給」という合理化の目的は、「増産を通じた合理化」という方向に軌道修正された。しかし、その政策転換は短期間に失敗であったことが明白となり、五九年からは再度合理化を徹底する方向へと修正され、エネルギー供給を豊富な輸入石油に依存することになる。「エネルギー革命」の進行であった。石炭政策は、迷走のなかでようやくこの変化を認めることになった。

この間、エネルギー不足の解消策として新しいエネルギー源である原子力発電が注目されるようになった。とくに五五年八月の国際連合主催の第一回原子力平和利用国際会議を契機に、これに参加した国会議員団が中心になって超党派の議員立法により、原子力三法（原子力基本法、総理府設置法の一部を改正する法律、原子力委員会設置法）が成立した。しかし、この性急な動きは、原子力発電がすでに採算に乗り、「商業性」を得たという名目のもとで行われたために、導入に先立つ研究開発の基礎を欠き、体系的な政策を立てる機会をもたないままでの見切り発車でしかなかった。実用化まで長い時間を要し、実用化後も長く問題が山積して未解決なのは、こうした初発の取組みの欠陥に由来する部分も少なくなかった。

産業基盤整備の視点

五五年に産業合理化審議会は「産業立地条件整備に関する決議及び報告書」を発表し、産業発展の基盤となる道路・港湾や鉄道などの輸送網を整備することが重要な政策課題だと指摘した。五六年以降には、基盤整備の遅れがボトルネックとなって経済拡大が制約されているとの声も強まった。国鉄の輸送力の逼迫によって、駅頭の滞貨が正常状態の二〜三倍に達していた。鉄鋼などの基礎資材の供給不足も激化した。石炭不足から合理化政策が見直され、迷走したのもこのためであった。

このような状況のなかで、工業用水道や道路、港湾の整備を推進することで、新たな産業立地を推進する動きが活発化した。それは、所得倍増計画において、産業の適正配置や地域経済の均衡ある発展への提言につながり、六二年には地域開発や所得格差是正を目的とした全国総合開発計画(全総)の策定に結実した。

その後六九年に「新全総」が策定され、高速交通ネットワークの整備、大規模産業開発プロジェクトの推進などが盛り込まれることになった。さらに七七年には定住圏構想に基づく「三全総」へと展開した。

このような政策展開は、経済成長の果実を地域格差なく分配しようとするものだった。しかし、六二年計画の実施過程では、工場の地域的分散に関しても拠点開発方式をとるなど、開発効果を重視したものとなった。具体的には開発拠点を絞り込んだ「新産業都市」建設や工業整備特別地域などが設定されたが、これによって開発が急速に進んだのは、いわゆる「太平洋ベルト地帯」であった。

開発の集中は、過疎・過密問題を生むことになったが、当面の経済成長にとっては必要だった。駅頭滞貨が急増した国鉄では、近代化計画がたてられ、輸送力増強が計画された。この計画は、一方では東海道新幹線の建設に結びつく面をもったが、他方で、主として財政的な理由で必要資金が調達できず、当初の計画通りに実現されなかった。貨物の滞貨は、自動車輸送への傾斜を生んで国鉄経営の悪化の要因となり、進まない輸送力の増強が大都市圏では通勤地獄と呼ばれた混雑と超過密ダイヤを不可避とした。そして、このようなダイヤの運行には熟練した国鉄マンたちの技能を不可欠としたために、彼らの現場での発言力は強く、強い労働組合を温存させる基盤となって、後に国鉄を民営化に追いこむことになった。

社会的な資本の不足だけでなく、生産隘路《あいろ》問題が提起したのは、電力や鉄鋼など経済活動に必要な基礎的な資材の供給力不足であった。そこで、これらの生産拡大が積極的な設備投資を通して追求されることになる。これが経済成長を加速させた。

3 「技術革新」と新産業育成

基幹産業の近代化・合理化

鉄鋼業では一九五〇年に八幡製鐵、日本鋼管が近代化三カ年計画を、川崎製鉄が銑鋼一貫製鉄所の建設を発表して注目を浴びた。この川崎製鉄の千葉計画は、当時「法王」と異名をとった一万田日本銀行総裁が、工場予定地に「ぺんぺん草を生やす」(工場は建設させない)と反対したというエピソードで知られるように、強い反対のなかで推進された。鉄鋼各社の計画は、五二年二月に産業合理化審議会の審議を経て第一次合理化計画としてまとめられた。この計画によって鉄鋼業の設備投資規模は一挙に一〇倍に増加し、鋼材の圧延部門中心に合理化が進んだ。

しかし、鉄鋼生産と鉄鋼価格は常に不安定な要因を抱えていた。そこで、「鉄鋼事業合理化法案」が検討され、独占禁止法改正の要望が鉄鋼業界から強く出された。これらの案は実現には至らなかったが、五〇年代後半には「くず鉄カルテル」や鉄鋼製品の公開販売制度などが導入されて、事実上、カルテル規制が緩和された。

五六年には経済自立五カ年計画の目標値に沿って第二次合理化計画が策定され、銑鉄《せんてつ》増産のための高炉増設と鉄くず節約につながる転炉の新設、板材の連続圧延用の新鋭設備であるストリップミルの増設などの拡張が企てられた。この計画は、同年末からの隘路問題の発生によってさらに上積みされ、当初計画の一七八〇億円の設備投資額は、実際には六二年までに五四一六億円となった。この結果、五五年から一八・七%という年成長率を記録した日本の鉄鋼生産は、六〇年にアメリカ、ソ連に次いで世界第三位となり、また輸出も伸長して同じ年に日本の輸出品目の第一位になった。日本が世界第三位の鉄鋼生産国になったころには、コスト面でもアメリカ、西ドイツとの差異はほとんどなくなった。

このような産業合理化のための資金供給に重要な役割を果たしたのが、日本開発銀行であった。同行は、エネルギー供給の中心となる電力業、再建を求められた海運業、基幹産業である鉄鋼業に重点的に資金を供給した。鉄鋼以外の産業でも三年から五年の近代化計画が作成され、各社が競い合うようにして技術導入を基礎に産業合理化を推進することになった。

ただ、合理化の効果は、それぞれの産業の条件によって異なった。前述の石炭産業の衰退を典型として、高度成長期に成長の限界に直面した産業もあった。

たとえば、硫安《りゅうあん》工業は、食料増産の要請もあって早い戦後復興が実現したが、農業政策からは低価格が要求される一方で、すでに成熟の域に達して技術革新による急激なコスト低下も見込めないという問題があった。その結果、需給安定と合理化・輸出促進を図る肥料二法（臨時肥料需給安定法、硫安工業合理化及び硫安輸出調整臨時措置法、五四年六月公布）が制定され、競争を制限しながら、政府による価格調整が行われることになった。

また、繊維工業では、代表的な輸出産業であった綿製品を中心に国内設備の過剰などが問題となった。政府は原料綿花の外貨割当制度を利用しながら、生産調整を目的とした勧告操短《そうたん》を行い、さらに設備の共同廃棄などの措置を講じた。このような対策が積極的にとられたのは、日本からの安値綿布の集中豪雨型輸出が国際的な非難を招いていたからである。

石油化学工業の誕生

技術革新の波に乗って新しい素材や製品分野が新産業として期待されるようになった。素材部門でこれを代表したのが、石油化学工業であった。化学工業原料としての石油が有機合成化学技術の発展とともに脚光を浴びた。そのために企業間の激しい技術導入競争を伴って新規参入を図る企業が続出した。これに対して、政府は積極的な育成政策(五五年七月、石油化学工業育成対策)を打ち出し、分解法によるエチレン生産を国際競争力をもつ規模で推進することを基準に各社の計画を認めることになった。このような政府の介入は、技術導入に必要な外貨割当権限に基づいていた。

もっとも、結果的に認められた計画は、政府が予測した将来の需要規模に比べると、旺盛な企業化意欲を反映して九社合計で二倍を超えるものであった。これらの計画を推進するために、通産省は五七年以降に税制上の優遇措置、原油の外貨特別割当、政府資金の重点的融資などを実施した。強気な投資意欲は、五八年末には早くも第二期の企業化計画が論じられるほど、衰えを見せなかった。また、六〇年にかけて、上流のエチレン生産だけでなく、下流の加工製品分野も含めて「石油化学工業への殺到」が生じた。自動車タイヤの原料になる合成ゴム育成計画も、石油化学方式に基づいて推進され、国策会社日本合成ゴム株式会社が設立された。

こうして石油化学工業は急成長し、高度成長期の新産業を代表するものとなった。石油化学製品の国産化による外貨節約効果は極めて大きく、その加工製品として多様なプラスチック類が供給されて、国民生活を彩ることになった。

機械工業の振興

産業構造の変化に石油化学工業の育成以上に大きな影響を与えたのが、各種の機械製造工業の発展であった。その中心は、自動車や家庭電器製品の製造であった。機械工業のなかでも、造船業は五五年には、いち早く世界市場に君臨する輸出産業となり、発電機などの重電機器も戦前から比較的高い技術的基盤をもっていた。

これに対して、戦後復興期にトラックの生産が推進されたとはいえ、五〇年頃には「乗用車工業不要論」が政府の有力者から唱えられるほどの状態であった。乗用車は輸入で十分だというのであった。しかし、政府は、乗用車産業が経済発展のための戦略産業であるとの認識に基づいて、外貨事情を理由に乗用車の輸入を制限するなどの対策によって国内メーカーを保護した。また、五五年までにオースチン、ヒルマン、ルノー、ジープの四社からの技術導入を認可し、ヨーロッパから小型車の量産技術を学ぼうとした。そうした保護策がとられても、当時の政府の認識は、五五年に発表された通産省の「国民車構想」に示されるように、国内の乗用車生産を一社に集約するというものであった。日本の自動車メーカーが、国際市場でアメリカのビッグ3に対抗できるとは夢想だにできなかった。

市場の未成熟や企業規模の過小性が大きな問題であった自動車工業に比べると、機械工業全体では、組立加工部門にも部品製造部門にも共通した技術水準の低さや、その結果としての組み込み部品の低品質、割高なコストの問題があった。不十分な資本蓄積から設備更新が遅れ、設備の老朽化が著しかった。これが制約要因と考えられていた。そこで、五二年度には工作機械輸入補助金が、五三年度には工作機械等補助金制度が設けられた。

このような措置が実施されるなかで、新鋭機械導入が品質・性能・生産性の面で著しい改善効果があることも確かめられ、機械工業が抱える問題点を解決する施策として五六年には機械工業振興臨時措置法が五年の時限立法で制定された。それは、機械工業の合理化促進を目的として、適用対象業種に対して生産技術の向上のための基準となる合理化計画・合理化実施計画を定め、これに基づいて各種の助成措置を行うものであった。これにより工作機械、切削工具《せっさくこうぐ》ダイス、歯車、自動車部品、ミシン部品などの機械部品生産の質的向上が推進され、これらの部門では設備近代化と生産性向上の両面で効果をあげた。それは、自動車産業などの組立機械工業化の発展にとって重要な基盤を固め、乗用車時代の到来を準備することになった。

電子工業の振興

家電製品では、機械組立にかかわる部品生産だけでなく、ラジオやテレビなどの電子工業技術の向上が必要であった。それらは機械部品に比べればまだ誕生後間もない新興産業にすぎなかった。市場の拡大が期待されるだけに多数の企業が参入しており、五二年末を基準にするとテレビの生産メーカーは六〇社を超える小企業乱立状態で量産も難しかった。製品価格は勤労者世帯の平均月収の六倍であった。耐久消費財の消費拡大は、このままでは望むべくもなかった。

政府はテレビ生産に必要な電子工業技術が原子力産業とともに産業構造の革新をリードするとの認識のもとに、五七年に電子工業振興臨時措置法を制定し、トランジスタなどの半導体製造の技術開発等を推進した。テレビを将来の輸出品にすることが目標に設定され、さらに将来を見据え、電子計算機の試験研究が優先課題となった。

もっとも、重点対象であった電子計算機では、最先端を走るアメリカとの距離は容易に縮まらなかった。日本は、トランジスタの利用という技術革新への追随にとどまらず、周辺機器や関連ソフトウェアの開発力、膨大な開発費用のリスク負担、レンタル方式で需要先を確保しているＩＢＭに対抗できる顧客サービス手段、などの多様な問題点を解決していかなければならなかった。そのため、六〇年代初めに、「電子計算機については小人が巨人ＩＢＭを追撃する体制がようやく整いつつあった」という状況だった（前掲『通商産業政策史』第六巻）。

二重構造と中小企業

機械工業の発展とともにその下請となる中小企業の近代化が必要となった。機械工業振興法などの育成策も、中堅企業を育てる上で重要な役割を果たし、機械製造や電器製品製造などで急成長を遂げる企業を生んだ。

しかし、そうした反面で依然として低賃金に依存し技術基盤の脆弱な企業も多かった。多くの就業者を吸収しているこれらの分野における生産性の低さは、経済成長の足を引っ張る制約要因として「二重構造問題」が提起された。

「二重構造」という用語は、「五七年三月に行われた日本生産性本部二周年記念講演で有沢《ありさわ》広《ひろ》巳《み》が初めて使い、五七年度の『経済白書』が日本経済の二重構造を問題視し、その解消を図ることの重要性を指摘したことで広く知られるようになった」といわれる（植田浩史『現代日本の中小企業』)。そこでは、雇用面で賃金格差を構造的に発生させるような条件を日本経済が抱え込んでいることが問題となっていた。低賃金に依存する限り、経営の近代化への意欲に乏しく、生産性の向上が小さいがゆえに、雇用の吸収力は高くても、収益力が不十分であるというのが、中小企業のイメージであった。こうした部門の存在は、マクロ的にみれば経済全体の生産性の上昇を損なうと考えられた。

下請であるがゆえに親会社から買い叩かれるなどの不公正な取引を強いられる中小部品メーカーが存在し、粗悪品の輸出で日本製品の評判を傷つける、繊維や雑貨の製造業者が問題になっていたことなど、それは、当時の実感としての経済構造に合致した問題点の指摘であった。

このような問題への対策は、競争力に欠ける中小企業のカルテル結成など共同行為を認めるために、中小企業安定法、中小企業団体法などの法令によって独占禁止法の適用除外を認めることであった。金融面では、五三年に中小企業金融公庫が設立され、主に短期の運転資金を供給する相互銀行、信用金庫、信用組合などと、主に長期の設備資金を供給する中小企業金融公庫というように、中小企業金融機関の体系化が進められた。また、下請代金支払遅延等防止法が制定され、不公正な取引方法を排除し下請取引関係の適正化が推進された。

もっとも、二重構造問題は六〇年代に入ると、賃金格差という側面では解消に向かった。労働力の不足が顕在化するにつれて、中小企業でも賃金が上昇したからであった。しかし、それはただちに問題を解決したわけではなかった。賃金上昇によるコストアップに対して、生産性を上昇させるような経営の近代化・合理化の努力が強められた。しかし、それが実現できる中小企業は限られていた。雇用面でも、パートや出稼ぎなどの不安定な就業層が消えたわけではなかったから、問題解決には長期間の政策的対応が必要となった。

集団就職の時代

二重構造が問題になった背景には、農村部の生活が相対的に貧しく、そのために都市に流入する労働者の賃金水準が低いという事情も働いていた。農村が二重構造を支える兵站《へいたん》基地であるという戦前以来の日本経済の構造にかかわる認識が根強かった。日本は人口が過剰であり、限られた農地を前提とすれば、農家の次・三男の就業の機会をどのように確保できるのかが問題となり、ブラジルなどの中南米への移住や自衛隊への入隊が選択肢として議論されていた(加瀬和俊『集団就職の時代』)。

高度成長が本格化する五〇年代後半、農業就業者数は目立って減少しはじめた。都市での就業機会の増加がその主たる要因であり、そのために、次・三男が都会に流出しただけでなく、都市近郊から順に兼業農家が増加していった。就業者層の減少はとりわけ若年層で大きかった。五五年から六五年にかけて「新規に中学、高校を卒業した農家の子弟の大半がこの一〇年間で農業に就業しなくなった」(同前)。

このような動きは首都圏などの大都市部で若年層の大量流入が続いたことを意味した。この大規模な人口の社会移動のパイプとなったのが「集団就職」であった。一部の恵まれた若者たちが高等教育を受けるために移動したほか、多くは職を求めて都会へと「集団就職列車」に乗って単身で移動してきた。

図 **2-2** 『漫画サンデー』(1962 年 3月 17 日号)に掲載された人手不足を皮肉る宮村正治の漫画(前掲『読める年表・別巻 昭和の諷刺漫画と世相風俗年表』)

ベビーブーム世代が本格的に労働市場に参加してくる直前の狭間にあたる六〇年には、翌春の求人倍率が急上昇し、中学の新卒者が「カズノコなみの希少価値」といわれるような状況となった。それでも、農村部の新卒者たちは、自発的な職業選択の幅が狭く、学校の就職指導などによって振り分けられ、多くは大都市圏の中小商工業に就職していった。

しかし、彼らが享受し得た労働条件も生活条件もともに芳しいものではなかった。成長を遂げている機械工業などの就業機会は都市部の新卒者によって占められていた。「地方出身者は……都会出身者が就業しようとしない商店員や軽工業・雑業的製造業分野に入っていかざるをえなかった。しかしそうした雑業的分野では、世帯を形成して安定的な生活を送る条件は乏しく、とくに住込労働者については、雇用主の側も中卒後の独身期間＝一〇年間前後だけ雇用するといった場合が通常であった。地方出身者の多くが、自営業主として独立する意志をなお強く持たざるを得なかったのは、このためであった」（同前）。

二重構造が解消に向かうといわれた時代にもこの格差は継続し、「金の卵」となった集団就職の若者たちの初任給はかなり高くなったとはいえ、その職業生活の将来像は必ずしも明るいものとはならなかった。そのため、彼らの勤続年数は短く、高い移動率によって都市の不安定就業層に編入されていった。

このような状態は、東京オリンピックを契機に農漁村にもテレビが普及して都市と農村の情報ギャップが減少し、農村部でも高校への進学率が高まるとともに変化していった。労働市場での求人倍率の変化に示される「人手不足の時代への転換」よりやや遅れて、二重構造問題は、これらの条件の変化とともに新しい局面を迎えることになった。

4 「見せびらかしの消費」の時代

石炭から石油への転換は、産業用のエネルギーを変えただけでなく、家庭生活にも変化をもたらした。水沢周はそれを「石油が家庭に入ってきた」と表現している（前掲『高度成長と日本人』3）。一九六〇年冬に『暮しの手帖』が石油ストーブ製品のテストをしたのが、それを象徴的にあらわす出来事であった。石油ストーブは、産業用の石油需要が重油に偏って、軽油や灯油が売れ残るという石油製品市場の問題を解決する方策でもあった。石油製品は連産品で、原油精製によって一定の割合で重油・軽油・灯油などがそれぞれ生産されるからであった。

エネルギー革命

『暮しの手帖』は家庭暖房の近代化の重要な道具として、石油ストーブを推奨し、同時に日本メーカーの品質改善や外国品のコピー商品の実態に警告を与えていた。こうしたきっかけで短期間に石油ストーブは普及し、六〇年には九三万キロリットルであった民生用の灯油使用量は、六九年には八九六万キロリットルに増加した（同前）。

石油ストーブ普及の理由は、それが安価な燃料源であっただけでなく、運びやすく、燃料コントロールがしやすい、灰が出ないなどの「扱い易さ」だった。それは、産業用に石油燃料が増加したのと同じだった。六〇年頃には重油が発電用の燃料として比重を増したから、こうして供給される電力も、そして灯油による暖房も、いずれも石油を一次的なエネルギー源とするようになった。それは、薪や石炭という従来型の燃料からの脱却であったが、同時に安価な石油に依存した、エネルギー多消費型の経済への転換でもあった。

この転換は、やや遅れて農業生産にも影響を及ぼした。養鶏によるブロイラー生産、石油化学製品であるポリエチレンフィルムなどを利用したハウス農業、そして肥料の多用なども、安い石油が基盤にある農業生産のあり方への変化の一環であった。

変わる生活の場とスタイル

高度成長を支えた産業発展は、集団就職に象徴されるように、都市への人口集中を伴った。そして、都市での勤労者の生活は、時代の変化を常に先行して示すことによって、農村部を含めた日本人の生活スタイルに大きな影響を与えた。

農家の多くが三世代家族であったのと対比すると、農村部から移動してきた単身者世帯の多くは単婚小家族(核家族)としての都市住民となり、世代的に再生産されることになった。

結婚式は、地方でも町場では、自宅での披露から、結婚式場で行われるようになった。四七年に開業した明治記念館をモデルケースとして増加した結婚式場やホテルの宴会場を利用した結婚披露は、高度成長期には平均的な形態となった(前掲『高度成長と日本人』1)。

都市における彼らの理想の住まいは、「団地」の2DKであった。五一年に建設省の技官などの手でプランが固まっていた四階建ての公営コンクリートアパートは、六〇年代には日本住宅公団などによって大量供給され、都市住居の標準型の一つとなった。戸建て住宅への憧憬が強いために終の棲家ではなかったにしても、ステンレスの流し台や水洗便所などを備えたモダンな様式の住居は、賃貸住宅に不良住宅が多い状況のもとで、高い倍率をくぐり抜けて手に入れたい夢の一つであった（前掲『高度成長と日本人』2）。モダンな様式と核家族という構成を反映して、こうした都市の住宅は、仏壇の置き場がないなど旧来の「イエ」の観念を伴う建造物から遠い存在となった。

核家族における子どもの数は、平均すれば二人程度であった。子どもたちは、五五年には五人に四人が自宅で、産婆などの助けで生まれていた。しかし、その数は五年後には二人に一人となり、六五年には六人に一人、七〇年には二五人に一人程度となった。産院などの、より安全な施設が出産の場になった（前掲『高度成長と日本人』1）。そのためもあって、妊産婦の死亡

図 **2-3**　1954 年当時，86％の子どもはたいてい助産婦の手を借りて家庭で生まれていた（コロナ・ブックス編集部編『貧乏だけど幸せ　われら日本人　昭和 25 年～35 年の実写記録』平凡社，1999 年）

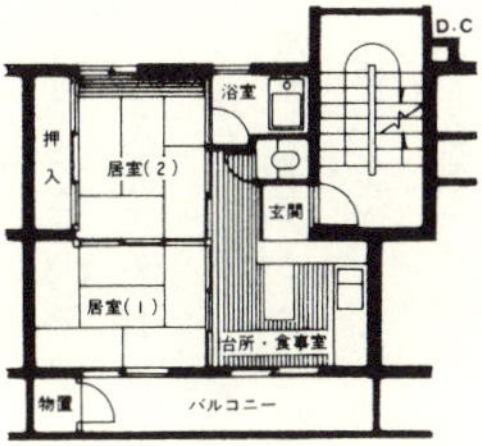

図 **2-4**　公団住宅初の標準設計（日本住宅公団総務部広報課編『日本住宅公団年報』1975 年）

率は、一万人に対して六〇年には一三人、七〇年には五人に低下した。この数値は、三〇年には二七人であった。また、乳児死亡率は一〇〇〇人に対して三〇年の一二四人から、五〇年には六〇人まで下がっていたが、七〇年までにさらに一三人まで低下した(同前)。

育児には牛乳を薄めて飲ませていたが、ヒ素ミルク事件(五五年八月、森永乳業徳島工場の製造工程で混入したヒ素によって発生した粉ミルクの中毒事件)などの問題が発生したにもかかわらず、五六年頃から粉ミルクの品質改良が進み需要が急増していった。核家族のために身近にアドバイザーがいなくなった若い母親たちは、育児雑誌や松田道雄の『私は赤ちゃん』『新しい育児百科』や『スポック博士の育児書』を頼りに幼児と向き合っていた。

子どもたちは、テレビの子ども番組が放送され、漫画週刊誌が創刊されるなかで、アニメのキャラクターを景品とするお菓子やプラモデル、リカちゃん人形を手に、母親に見守られて育った。都市部では高卒が標準化する傾向にあり(高校進学率は五五年五二%から七五年に九二%へ)、学歴は、将来の職業生活を左右する重要な要素との認識が強くなっていった。教育費の支出増加は、このような傾向を裏付けていた。後述する「カカア電化」で家事に余裕ができた母親たちは、子どもと向き合う時間も増え、その教育への関心を高めていった。

「消費革命」

経済成長の成果は、産業・企業の近代化・合理化だけにあらわれたわけではなかった。国民生活にも大きな変化が生じた。

企業の成長とともに、勤労者の所得が増加し、その分だけ選択的な消費が増え、耐久消費財の購入や教育費の比率が大きくなるなど、家計の支出構造が変わっていった。生活面のこのような変化は、「消費革命」と表現された。

生計費中のウエイトは伸びなくなったとはいっても、「食」の内容も大きく変わりつつあった。米の消費量は横ばいとなり、畜産品や果実類などが増加し、あるいはビールやウィスキーなどの洋酒が著しく伸びた反面、日本酒が停滞した。

「衣」の面では、不足していた家庭のストックが満たされるようになると、「必需的衣料から、奢侈的衣類への転換」が見られるようになった。婦人雑誌やスタイルブックが提供する新しいデザイン(型紙)を参考に、家庭での縫製がミシンとともに普及し、少し遅れて毛糸編み機なども提供され、洋裁教室や編み物教室が繁盛するようになった。繊維素材では、天然繊維から合成繊維への転換が進み、染色による発色の良さや着心地から消費者の心をつかむようになった。こうして自前の衣類を作ることが家事の重要な要素となった。当時の家事労働時間調査では、裁縫の時間は一日一四六分と大きな割合を占めた(前掲『高度成長と日本人』2)。

ファッション性のある衣類が出回るようになり、男性も女性も既製服が主流になるのは六〇年代後半以降のことで、ジーンズやミニスカートもまだ先の話であったが、ささやかな彩りが衣服の面にも次第にあらわれてきていた。

自家製の衣類が登場する背後には、家事時間の変化があった。それは時間に追われるように毎日続いていた炊事・掃除・洗濯という主婦の「仕事」に大きな変化が生じたからである。

図**2-5**　50年代半ば，「三種の神器」の一つと呼ばれたテレビは，サラリーマン世帯にとって高嶺の花であった（前掲『日本の歴史㉑ 国際国家への出発』）．

「一生の買い物」テレビ

五五年は家庭電器製品のなかでも、テレビ、洗濯機、冷蔵庫が「三種の神器」と呼ばれ、急速に普及する節目の年となった。このころ、都市部の世帯でもこれらの製品の普及率は一〇%に満たず、五七年に冷蔵庫が二〇%でもっとも普及していたが、六五年にはテレビ九五%、洗濯機七八%、冷蔵庫六八%となり、七〇年代初めにはいずれも九〇%を超え、鍋・釜・茶碗並みになった（同前）。

一インチ一万円といわれた初期のテレビは、一四インチの標準のタイプでも平均的なサラリーマン世帯には高嶺の花であった。「テレビは一生のお買い物」と代表的なテレビメーカーがコマーシャルで流したのには、そうした背景があった。街頭テレビなどに人々が群がっている一方で、メーカーは宣伝車を仕立てて各地をまわり、系列の電器店にテレビの修理技術を教えた。それは、「一生の買い物」にふさわしいアフターサービス態勢が、初期の家電製品の販売には不可欠だったからであった。

しかし、皇太子妃の御成婚記念パレード（五九年四月）のテレビ中継を見るために店頭在庫もすべて売り尽くしたといわれるまで、わずか四年であった。テレビは急速に家庭生活の中心に、仏壇に代わって鎮座することになった。そして、テレビは、民間放送が開局して大量のコマーシャルを流すようになると、大量生産に適した家庭用品や加工食品（洗剤などのトイレタリー商品、化粧品、調味料、酒、菓子など）のナショナル・ブランドを育て、さらに家電製品や自動車などの購買意欲を高める重要な情報手段となった。

「洗多苦」と「カカア電化」

しかし、家庭に入り込んだ電器製品の影響は、家事の道具の分野で際立っていた。それまで、洗濯は、「洗多苦」と書くといわれたほどに、洗濯板とたらいを使って、赤ちゃんのいる家庭ならおむつなどを毎日三時間も四時間も洗い続ける、そんな長時間を要する水仕事であった（重兼芳子『女房の揺り椅子』）。商品化された五〇年頃、芝浦電気は洗濯機の宣伝コピーに「主婦の読書時間はどうしてつくるか」と書いた（本章扉参照）。五五年頃には価格も下がりはじめたこともあって「ミシンとともに嫁入道具に」という宣伝文句が使われた。農村では、「機械に洗濯を任せてサボっている」という姑を説得しなければならなかった。それでも嫁たちは洗濯機にあこがれ、やりくりしてそれを買うことを夢に抱いていた。洗濯機が二〜三万円と相対的に価格が安かったことも理由であったろう。いちばん手の届きそうな夢であった。六〇年の調査によると、多くの主婦が余暇時間がふえた理由に洗濯機を挙げていた（前掲『「モノと女」の戦後史』）。

価格帯が五万円程度であった冷蔵庫も、買い物行動をゆっくり変えていくことになる。容量はまだ小さかったが、生鮮品を家庭でストックできる可能性が開かれたことは、買い物の回数や買い方を変える契機になった。

四九年から五九年の「三種の神器」の普及期を挟む時期に、一日の家事時間は「家庭婦人の家事労働時間調査」によると、一〇時間一六分から九時間二二分に短縮された。その後の同種の調査によると七〇年代には七時間台に減少した（前掲『高度成長と日本人』2）。耐久消費財の普及を「カカア電化」と表現するのはそうした事情を反映している。

「見せびらかしの消費」

こうして家庭に入り始めた家庭電器製品は、家事の省力化を実現するような機能性を追求しながら、プラスチックなどの新素材によって軽量化され、デザインや操作性にも改善が施されて、家具としての定番となった。そして、そのカバーする領域は、さらに電気炊飯器、電気掃除機、電気こたつ、カラーテレビ、エアコン、電子レンジと、家事労働の軽減と生活の快適性の向上に大きく貢献することになった。

六〇年代は「３Ｃ」と称されるカラーテレビ（color TV）、クーラー（cooler）、乗用車（car）が新しく耐久消費財の花形商品となった。カラーテレビは、六四年の東京オリンピックの開催に前後して普及率が急速に高まった。ちょうど白黒テレビの普及率が皇太子御成婚に重なったように、華やかな開会式や各種競技の様子、晴れ渡った秋空に描かれた五輪マークをかたどった五色の飛行機雲を、カラー受像器の前で多くの国民が記憶に焼き付けた。

耐久消費財の中でも、自動車はまだ手の届かない夢の位置にあった。しかし、六〇年代の半ばに「3C」の一つとして購買の対象と目されるようになるまで、それほど長い時間を必要としなかった。六一年版の『朝日年鑑』は、六〇年を回顧して「自動車時代」という見出しのもとで「自家用車をもちたいという願いは、若い人々のみならず万人共通の欲望となった」と書いた。スバル360などの性能の良い小型車が販売を開始し、自動車ショーに多くの人々が集まり、東京だけで毎年六〇万人が自動車免許試験を受けるようになっていた。まだ軽自動車でも三〇～四〇万円台であったから、多くの人がお金ができたらいつでも車を買って運転できるようにと準備していた。モータリゼーションの到来は間近であった(『朝日年鑑』一九六一年版)。

図 2-6 車の大衆化のはしりとなった富士重工の「スバル 360」(前掲『実録昭和史 激動の軌跡 4 高度経済成長の時代』)

耐久消費財の家庭への浸透は、しかし、誰もが歓迎し熱望したからというだけではなかった。テレビを買う気がなかったにもかかわらず、子どもたちが夕方になるとテレビのある家に上がり込んで帰ってこないために、「仕方なく買った」家もあった。また、冷蔵庫を買ったけれども「入れとく物がないから氷を作っちゃボリボリ食っている!」という話もあった。団地での家電製品普及率が高かったことも、そうした消費者の購買行動の特徴を表していた。生活が豊かになってきたことを自らに印象づけ、納得させるために、そして自らの社会的な地位が平均的な豊かさのなかにいることを「見せびらかす」ことも購入の動機となって急激な普及が進んでいたというべきであった。「家もないのにマイ・カー族」「貸間に住んで二台のテレビ」というような奇妙なバランスも珍しくはなかった(前掲『高度成長と日本人』2)。

流通革命

エネルギーや消費などとともに、流通でも「革命」的な変化が起きたとして、「流通革命」という言葉がもてはやされた。それは、毎日の暮らしを多様で高品質の製品によって演出するためには必要な変化であった。

流通革命にはいくつかの側面があった。その一つは、家電や自動車のような耐久消費財の多くにみられたような、流通網の系列化・組織化によって顧客との接点をメーカーが自ら構築していく動きであった。大量生産品であるために専門の流通ルートが構築可能であったこと、新規の商品であったから既存の問屋などを介さない取引が展開できたこと、そして、それらの耐久消費財がまだ品質面では、時折の修理を必要とし、そのための技術を持った系列販売店を必要としたこと、などの条件によるものであった。家電製品のディスカウント・ショップが急成長するのは、そうした制約が小さくなってからのことであった。

他方で、食品や日用雑貨、衣類などの消費財については、より良いものをより安くという消費者のニーズに応えるために流通面での革新が必要だという事情を基盤としていた。価格の問題は、六〇年代に入って消費者物価が上昇を見せ始めると、一層切実な問題となって、消費者の購買行動に影響を与えた。

こうしてセルフ販売方式や独自の仕入れルートを開拓した安売店として、新しい小売業態であるスーパー・マーケットが出現した。しかし、スーパー・マーケットは簡単には成功しなかった。「流通革命」という言葉が独り歩きし、多様な業態からの新規参入が活発であった五〇年代後半の創成期には、「スーッとできて、パーッと消える」からスーパーだといわれるほどであった。主婦の店運動などの取組みも多くは厳しい挫折に直面した(エコノミスト編集部編『高度成長期への証言』)。

歩いて一五分以内のところに商店街があるというのが、都市の住宅の平均的な姿であったから、その利便性に対抗するだけの小売業態になるためには、それなりの工夫と時間が必要であった。セルフ販売方式の利便性と低コストを実現するためには、商品陳列用の棚や冷凍・冷蔵

図**2-7**　1957年9月23日，大阪市旭区千林駅前にオープンした「主婦の店ダイエー」の1号店（前掲『昭和の歴史 第9巻 講和から高度成長へ』）

品のケースなども十分ではなかったし、商品のプリパッケージ開発も必要であり、これによる投資の必要性と比べると人件費の削減効果には限界があった（同前）。

　大量販売を企図するスーパーなどの新しい小売業は、食品・日用品などの分野でナショナル・ブランドが育ち、それらの大量生産されて安定的な品質の製品が消費者の心をつかむようになると、集客の手かがりを得ることになった。インスタント食品の草分けである即席メンが五八年に登場したとき、うどん一玉六円に対し、即席メン一つ三五円の価格に小売業者は二の足を踏んだ。しかし、実際に店頭に並べてみると飛ぶように売れた（レトロ商品研究所編『国産はじめて物語 Part 2』）。消費者は新しさや使いやすさに敏感に反応した。調味料やビール、洗濯用の洗剤やシャンプー、加工食品や菓子類などでは、テレビを利用したコマーシャルがブランドの認知度を上げ、消費者の購買意欲を誘った。

　しばしばそうした商品群は、大規模小売店では集客のためのロス・リーダー（客寄せのための特価品)として使われて、価格維持に苦心していたメーカーとの軋轢《あつれき》も生んだ。しかし、そうした商品を買い求める顧客が、生鮮食品なども併せて買い求め、顧客単価が高くなると、セルフ販売方式の利便性を支える投資を回収できるようになっていった。冷蔵庫の普及によって食品などを家庭でストックできるようになったことも、大量販売態勢を支える重要な要因となった。紙パックの牛乳がスーパーで売られるようになり、パッケージ化された豆腐が登場すると、牛乳販売店の朝の配達は廃れ、夕方に豆腐売りのラッパを聞くことも少なくなった。

こうした変化は、多様な商品の供給者にも影響を与えた。製品によっては大量販売ルートが大規模小売店によって開拓されても、これに対応してただちに生産を拡大できるわけではなかった。製品の分野によっては量産に適さないものも少なくなかったからである。生鮮野菜や食肉では、鮮度が重視されて購買ルートが開発され、これらの生産者に対する小売業態からの組織化の動きが強まった。量の確保には多数の生産者からの仕入れが必要だった。他方で、大量販売が可能になることで製造技術を革新し成長する企業を生む面もあった。

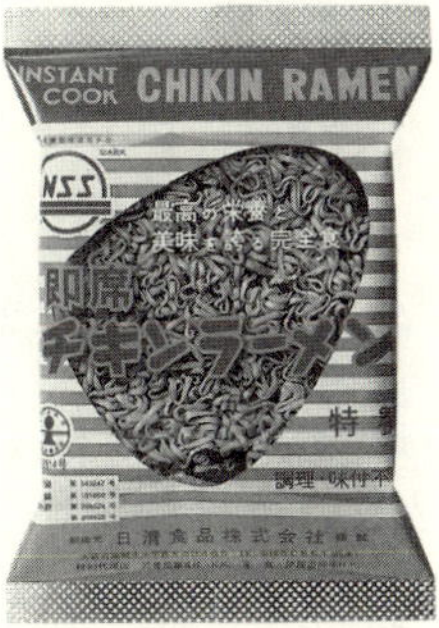

図 2-8　1958 年に日清食品が発売した世界初の即席メン(レトロ商品研究所編『国産はじめて物語 Part 2〈1950 ～ 70 年代編〉』ナナ・コーポレート・コミュニケーション, 2004 年)

ダイエーを創設した中内㓛は、製品の品質面ではナショナル・ブランドに技術的にはひけをとらない中堅の地方企業があったこと、それらが重要な仕入れルートとなったと語っている（前掲『高度成長期への証言』）。それは、そうした企業にとってはまたとない成長のチャンスが開かれたことを意味した。

このように流通革命は、新しい流通の担い手によって、高度化しつつある消費者のニーズを汲み上げ、それに即応した品揃えをする小売業態を作り出し、それを通して生産のあり方にも影響を与えた。メーカーからの一方的な製品の供給ではない、消費者のニーズにかかわる情報が、小売業態を介してメーカーの方向にようやく流れはじめたところに、流通革命の「革命」たるゆえんがあった。

経済の季節

所得倍増計画に始まる一九六〇年代は、政治的対立が表面に出ていた日本の経済社会の雰囲気を大きく変える、経済成長への期待が高まっていく時代であった。

池田内閣は、その施策によって、政治の季節から経済の季節への転換をみごとに実現した。

池田首相は、就任時に新内閣の基本方針として、「経済政策しかない、所得倍増でいくんだ」と時代の転換の必要を直感して舵を切った（伊藤昌哉『池田勇人　その生と死』）。それは、講和会議直後の吉田内閣以来の高支持率となり、他の内閣では見られなかったほどの高い支持率が長く続くという政治的な成功をもたらした。

しかし、皮肉なことに高い成長を望んだ池田内閣は、成長政策の追求にもかかわらず、不安定な経済状況への対応に追われた面が強かった。経済政策が官僚任せとでもいうべき時代だった鳩山内閣から岸内閣期の方が、「なべ底不況」を含んでいるとはいえ、高成長が持続した。のちの佐藤内閣が池田内閣の施策を批判して、成長政策のひずみを是正しながら安定的な成長を図る方向へと転換したにもかかわらず、現実には池田内閣期よりも早く、そして長期にわたって持続的に経済規模は拡大した。各内閣が掲げた経済政策の狙いはいずれも裏切られたといってもよい。

池田内閣が直面した最大の問題は、物価問題であった。卸売物価が引き続き安定しているにもかかわらず、消費者物価が緩やかな上昇に転じたからである。

池田内閣は、六〇年一二月の閣議で総理大臣の月給を一五万円から二五万円に、各大臣は一一万円から一八万円に引き上げ、「率先垂範」の「所得倍増」を実現して国民の失笑を買った（『朝日年鑑』一九六一年版）。その政治感覚の乏しさはともかく、それほど急には給料袋の中身が増えない庶民には、物価上昇は大問題となった。大臣の月給が大幅に増えた翌六一年だけでも、三年前に値上げされたばかりの国鉄の運賃が再値上げされ、食パンが四〇〇グラム三〇円から三五円、牛乳一本が一四円から一六円、豆腐四〇〇グラムが一八円から二四円、理髪料が一七〇円から二〇〇円などの値上げが記録された。『主婦の友』などの婦人雑誌では、物価高

図**2-9**　東京オリンピックの開催500日前，道幅を広げる青山4丁目付近の道路工事（『1億人の昭和史7 高度成長の軌跡 昭和35年－39年』毎日新聞社，1976年）

にどう対処するかの特集がしばしば紙面を埋めた（前掲『高度成長と日本人』２）。

他方で、六〇年代前半には株式市場が一時の勢いを失って株価は横ばい状態となり、外貨準備の不安定さも手伝って経済成長の持続を疑問視する声も出てきた。「転型期論争」と呼ばれた政策論争は、そうした状況の一コマであった。東京オリンピックが開催され、そのために直前にかけて東京を中心とした首都高速道路網の整備、競技関連施設の建設、東海道新幹線の建設など、公共事業投資が高い水準で続いて「オリンピック景気」と呼ばれたが、それも長続きはしなかった。それは、六五年に訪れる破局の序曲であった。

それだけでなく、経済成長のひずみも問題視されるようになっていた。すでに水俣での有機水銀中毒の問題が注目されるようになっており、都市部での大気汚染などの問題が発生していた。公害問題は、成長重視の経済運営が、耐久消費財の普及に見出されるような生活の豊かさを実現するうえで重要な役割を果たしている反面で、生活の基盤をむしばむ病根を進行させつつあることを示していた。

第3章　開放経済体制への移行——経済大国日本

1969年ごろから若者のファッションとして定着したジーンズ・ルック

1968年4月に厚木ナイロンが発売した国産パンティストッキングのパッケージ

（いずれも，現代日本の50年編集委員会編『新聞で調べよう現代日本の50年 3 高度成長と公害』大日本図書株式会社，1995年）

1　ベトナム戦争下のアジア

東京オリンピックの二週間

一九六四年一〇月の二週間、日本は東京オリンピックに沸き立っていた。突貫工事となった諸施設や関連工事の総投資額は一兆円に達し、同年度政府予算の三分の一に匹敵した(『朝日年鑑』一九六五年版)。

このスポーツの祭典の開会から一週間目の一六日、ソ連でニキータ・フルシチョフ首相の解任、イギリスの総選挙における一三年ぶりの労働党勝利による政権交替、中国による核実験という三つのニュースが飛び込んできた。オリンピック閉会式の翌二五日には、池田首相が病気を理由に退陣を表明し、佐藤栄作内閣が一一月初旬に成立した。その後、アメリカでは大統領選挙で民主党候補リンドン・ジョンソンが圧勝して引き続き政権を担当することが明らかになった。オリンピックの華やかさをよそに、世界は激しく動いていた。

これより先、六二年のキューバ危機で米ソが開戦の瀬戸際までいった世界は、これを転機として、平和共存ムードが高まった。六三年八月に米英ソ三国は部分的核実験停止条約に調印した。この条約は、世界の一〇〇カ国余りが調印するなど圧倒的な支持を集めた。フルシチョフ解任はその流れを止めるのではないかという懸念を生んだ。

フランスと中国など若干の国は、部分的核実験停止条約を「米ソ的世界秩序」の維持を目指すものにすぎないと拒否した。この動きは、東西対立の両側でそれぞれに足並みの乱れが発生しつつあることを示していた。東側では中ソ対立が表面化した。他方でフランスのシャルル・ド・ゴール大統領が、イギリスの欧州共同市場加盟を拒否し、また中国と急速に接近して、米ソ中心の世界秩序に対抗するスタンスを明確にした。

アメリカでは、公民権問題の解決などに力を尽くして国民的人気が高かったジョン・F・ケネディ大統領が六三年一一月に暗殺された。後継のジョンソン大統領はケネディ路線が変わらないことを表明したが、それから一年以内に、イギリス、ソ連でも政権交替が起こった。新しい世界秩序が模索されはじめていたとはいえ、そのリーダーシップの所在が問われていた。

ベトナム戦争の激化

アジアでは、六五年二月にアメリカが北爆を開始し、ベトナム戦争は拡大するとともに泥沼化が避けがたくなった。他方で、カシミールをめぐるインドとパキスタンの紛争が武力衝突に発展し、インドネシアではクーデターが発生し、それによりスカルノ大統領の政治的基礎であるナサコム（民族主義、宗教、共産主義）体制が崩壊した。アジアは紛争の火種と戦火が絶えることがなかった。不安な材料は増すばかりだった。

断続的に和平への試みが続く一方で、北爆開始後にアメリカは、「南爆」も強化し、三月にベトナム中部の都市ダナンに海兵隊を上陸させたのをはじめ南ベトナム派遣軍を矢継ぎ早に増強した。さらにダナンやカムランなど南ベトナムの要衝に恒久的な軍事基地を構築し軍事介入を本格化した。これに対して、北ベトナム(ベトナム民主共和国)側も中ソからの援助を受けて北ベトナム正規軍を南ベトナム民族解放戦線側に投入した。

悲惨な戦闘の拡大によって国際的な緊張が高まることを危惧し、平和解決を求める国際世論も高まった。しかし、国連事務総長、ローマ法王、非同盟諸国や英連邦諸国などからの呼びかけは、ことごとく成功しなかった。こうしてベトナム戦争は米中対決の先鋭化、米ソ平和共存体制の冷却化という副作用を生み、中ソ対立も複雑なものとした。

軍の大量投入と大量爆撃は段階的に拡大し、アメリカ軍兵力は六六年には六八万人を越え、ベトナム沖の第七艦隊要員を加えると、朝鮮戦争当時の動員兵力を完全に上回った。戦死・戦傷者も急増していった。膨大な戦費と犠牲を払っても、南ベトナム政府はようやく持ちこたえている状況であった。それでも、六七年年頭の一般教書で、ジョンソン大統領は、ベトナム政策について「あらゆる物量をゆっくり、容赦なく投入していく戦略が目的達成のため最善である」と表明し(『朝日年鑑』一九六七年版)、引き続き武力による解決を追求していた。

しかし、これに対して、アメリカ国内ではジョンソン大統領の支持率が著しく低下し、学生や市民によるベトナム反戦運動が盛んとなった。既存体制への反発を強めた若者を中心にヒッピーやフラワー・ピープルがこれらの運動に合流した。そうしたなかで、六八年三月の予備選挙でベトナム和平を主張する大統領候補ユージン・マッカーシーが予想外の得票を集めると、同月末、ジョンソン大統領は大統領選再出馬断念に追い込まれた。その直後、四月四日に公民権運動の指導者マーティン・ルーサー・キング牧師が、六月初めに大統領選挙の準備に入っていたロバート・ケネディ上院議員が暗殺された。アメリカの政治的な荒廃が進んでいた。

この間、日本政府は、一貫してアメリカの政策を支持し続けた。長期政権を続けることになる佐藤栄作首相は、日米安保条約を前提に、アメリカ軍統治下にあった沖縄だけでなく、横須賀などの国内基地をも提供した。沖縄返還を政権の主要課題としていた佐藤政権は、こうした協力が沖縄返還に有利に働くと考えていた。これに対して、アメリカ国内と同様に、日本でも市民レベルでの反戦運動が展開されるようになった。六〇年代後半にかけて大学紛争や新安保条約改定問題、成田新空港建設をめぐる三里塚闘争などとの幅広い連帯のもとに、べ平連（ベトナムに平和を！ 市民連合）などの「反戦」団体が支持を広げた。

アメリカの政策転換

ジョンソン大統領は、不出馬声明にあわせて和平会談への道を拓くために、北爆の一方的かつ部分的停止を表明した。これによって戦局は段階的縮小への可能性が開かれた。不出馬声明は、この政策転換が大統領選挙を有利にするためのポーズでないことを示していた。

アメリカの政策転換は北ベトナムの要求を十分に満たしたものではなかった。しかし、北べトナムはアメリカの呼びかけに積極的に応じた。パリで五月一三日から開かれた和平会談では、両国の主張が平行線をたどり、簡単には解決の糸口を見出せなかった。一〇月末、ジョンソン大統領は北爆の全面停止を表明して打開を図り、南ベトナム民族解放戦線の和平会談参加を認めるなど、北ベトナムの主張を原則として受け容れた。

一二月に入って、和平への歩みはさらに前進した。解放戦線側が戦争終結のための平和内閣構想を明らかにしたのに対して、南ベトナム政府が反発する局面もあったが、アメリカのクラーク・クリフォード国防長官は「政治解決を待たずに、アメリカと北ベトナムだけで兵力撤退をはかることができる」と述べ、ヘンリー・キッシンジャー次期大統領特別補佐官も「拡大会談の成行きいかんにかかわらず、南ベトナム内政問題の討議は、サイゴン政権と解放戦線に任せるべきだ」との見解を明らかにした(『朝日年鑑』一九六九年版)。自らの軍事力で作り上げた傀儡《かいらい》政権をアメリカが見放した瞬間だった。

六九年一月に就任したリチャード・ニクソン大統領は、最大の公約であったベトナム戦争の終結に取り組み、とくにアメリカ国民の不満を和らげるために、アメリカ軍の撤退を急いだ。しかし、その目論見は順調には実現せず、その間に六八年三月にアメリカ軍が南ベトナムのクアンガイ省ソンミ村で引き起こした住民の大量虐殺事件が明るみに出た。

ニクソン大統領は、事態の打開のために軍事的圧力を強化し、七〇年四月に北ベトナムへの物資支援ルート遮断を目的としてカンボジアに侵攻し、七二年五月には北爆を再開した。その一方で、同大統領は、キッシンジャー特別補佐官に秘密裡に和平交渉を進めさせ、七二年に中国を訪問し、翌年一月に北ベトナムとの和平協定案の仮調印にこぎ着けた。これを受けて、南ベトナム及び南ベトナム臨時革命政府を加えた四者の和平協定がようやく成立した。

こうしてアメリカは、ベトナムから全面的に撤退することになった。アメリカの支援を失った南ベトナム政府は、北ベトナムからの攻撃に敗退を続け、七五年四月末サイゴンが陥落し崩壊した。七六年七月には、ベトナム社会主義共和国による南北統一が実現し、一〇〇万を超える戦死者と数千万の負傷者を出したベトナム戦争は、強大な軍事力による制覇を目指したアメリカの完全な敗北に終わった。しかし、カンボジア内戦の深刻化や、戦争中に撒布された枯葉剤による遺伝子異常や環境汚染などの問題が長く残ることになった。

中国の文化大革命

ソ連との対立が明確化した中国では、文化大革命の嵐が吹き荒れていた。対外的には平和共存路線を強化しようとしていたソ連は、紅衛兵《こうえいへい》運動が高揚する中国の毛沢東、林彪《りんぴょう》指導部と、事実上断交状態になった。

原理主義的な毛沢東思想を信奉する学生たちが組織した紅衛兵運動のなかで、党中央の実力者であった彭真《ほうしん》北京市長、羅瑞卿《らずいけい》人民解放軍総参謀長、劉少奇《りゅうしょうき》国家主席、鄧小平《とうしょうへい》党総書記などが批判され、追放・粛清にあった。こうした動きは、中国の政治指導体制の主導権争いという面を「文化大革命」がもっていたことを示していた。しかし、文化大革命の影響は、中国各地に政治的な混乱をもたらし、経済的にも混迷の度を深めることになった。しかも、アルバニアなどを除いて国交断絶状態に陥った中国は孤立化し、その中でカンボジアのポル・ポト政権による自国民の大量虐殺を生む思想的な素地を提供するなど、国際的にも大きな影響を与えた。

七〇年代半ばまで続いた混乱状態は、周恩来、毛沢東の相次ぐ死去(七六年)後に、新首相となった華国鋒が、文革推進派の四人組を逮捕し、七七年八月に中国共産党が文革終了を宣言してようやく収拾された。八一年に中国共産党は文化大革命について、「指導者が誤って発動し、反革命集団に利用され、党、国家や各族人民に重大な災難をもたらした内乱である」との評価を公表した。

激動の六八〜六九年

六〇年代後半は反体制運動がそれぞれの国で高揚した時代でもあった。西側では六八年五月、フランスで大学生と労働者の不満が爆発し、フランス全土を政治的社会的不安に陥れた。それは、アメリカの反戦運動、日本国内の大学紛争などとも呼応する動きであり、若者たちの反乱という共通性をもっていた。

東側では、東欧社会主義圏のなかの優等生といわれてきたチェコスロバキアが自由化・民主化の動きを強めていた(プラハの春)。これに対し、六八年八月にソ連が軍事介入した。「これは戦略的要地に位置している小国、大きな理想をもつ小国の悲劇である」といわれた(『朝日年鑑』一九六九年版)。しかし、武力介入によって社会主義体制の一体性を維持しようとしたソ連の「勝利」は一時的なものにすぎなかった。ソ連の介入は「大国主義的暴挙」として国際世論の非難を浴び、社会主義・共産主義運動を支持する人々からも対ソ批判が強まった。

六九年には、アメリカから相対的に自立性をもった独自路線を展開していたフランスのシャルル・ド・ゴール大統領が辞任した。同じ年、中ソ国境で武力衝突が発生し、最悪の事態を迎えたと報道された。九月の西ドイツ総選挙では、キリスト教民主同盟が第一党を確保したものの政権の座を降り、独立以来初の社会民主党政権が成立した。新政権は、ポーランドとの外交関係や東ドイツとの対話再開について意欲的な取組みを展開し、七〇年八月にはソ連と西ドイツ間で、武力の不行使と現国境線の尊重を約束する条約が調印されるなどの成果をあげた。西ドイツとポーランドとの条約も調印され、永続的なヨーロッパ和平の道が模索されるようになった。

日韓国交正常化

東アジアでは、第二次世界大戦後の戦後処理が未だ完了していなかった。講和から一〇年以上を経過しても、ベトナム戦争の影響でアメリカが中国との強い緊張関係を持続しているために、日中関係については、貿易関係の窓口を維持しただけで、当面、打開の道は考えにくかった。

他方、日韓国交正常化のための交渉は、五一年一二月に開始されて以来一進一退を繰り返し

表 3-1　日韓国交正常化交渉

〈第 1 次〉	1952 年 2 月〜4 月
〈第 2 次〉	53 年 4 月〜7 月
〈第 3 次〉	53 年 10 月 6 日〜21 日(いわゆる「久保田発言」で中断)
〈第 4 次〉	58 年 4 月〜60 年 4 月
〈第 5 次〉	60 年 10 月〜61 年 5 月(韓国軍部クーデターで中断)
〈第 6 次〉	61 年 10 月 20 日〜64 年 12 月 2 日
〈第 7 次〉	64 年 12 月 3 日〜

資料:『朝日年鑑』1965 年版より作成

ながら、断続的に続けられていた。この間、李《イ》承晩《スンマン》政権の崩壊と、後継の張勉《チャンミョン》政権に対する軍部クーデターの影響もあって交渉中断を余儀なくされることもあった。新たに成立した朴正煕《パクチョンヒ》政権は、この問題の解決に積極的な姿勢を見せ、第六次会談では最大の懸案であった「請求権問題」について大筋で合意するなどの進展をみた(以下この項『朝日年鑑』一九六五年版)。大平正芳外相と金鍾泌《キムジョンピル》韓国中央情報部長との会談の合意内容は、①日本が有償・無償の経済協力を行うこと、②無償分は三億ドルを一〇年間に分割供与、③有償分は二億ドルを一〇年間で分割供与、④このほか民間借款なども考慮し、⑤これらの経済協力は原則として資本財および役務で行う、というものであった。

これに対して予想外に難航したのが漁業問題であった。韓国側が李承晩ラインの堅持などを強く求めたからである。韓国国内では、日韓交渉に反対する学生デモなどもあって政情が不安定化し、そのため交渉は再び中断を余儀なくされた。

漁業問題については、国際慣行を無視した韓国側の主張に対し、日本側も激しく反発したから、解決の糸口は容易には見出せなかった。その後、打開のため韓国側提案に基づき六四年二月から両国農相会談が開かれることになった。一二回に及ぶ会談によって、韓国が独占的漁業権を行使する「専管水域」を定めた李承晩ラインなどの取扱いについて大筋の合意を得た。

その後、六四年暮れから、成立間もない佐藤政権が日韓国交正常化を優先的な外交課題としたこともあって、全面会談が再開された。再開のため、池田首相の手で九月に韓国政府への緊急援助二〇〇〇万ドルの供与など外交努力が続けられ、これに呼応して韓国側が拿捕《だほ》していた日本漁民と漁船を釈放していた。再開の機運は熟していた。

再開された全面会談によって、六五年二月二〇日に日韓基本条約が仮調印となり、六月には正式調印された。日本では、すでにベトナム派兵を決めていた韓国政府との国交正常化は、日・韓・米の軍事的関係を強化すること、南北分断を恒久化すること、などへの懸念から反対運動が展開された。北朝鮮を支持する人も少なくないなど、在日の人々にも意見の違いがあり、帰還協定など微妙な問題も残っていた。しかし、それらは条約成立を阻止するまでの力にはならなかった。韓国側でも反対運動が展開されたが、日韓両国とも強引な議会運営によって反対派を抑え込んだ。「反対論を封殺する」かたちで、日本の韓国併合から数えれば五五年、敗戦から二〇年たってようやく、両国間の国交が正常化した。

日韓交渉では多面的な話し合いが展開されたが、それぞれ両国国会における論戦を通して、条約の解釈に食い違いが発生するなど、前途の多難を思わせるものがあった。とくに、条約では、韓国政府を休戦ライン以北を含めた朝鮮半島全域を支配している「唯一合法性」をもつ政府であると認めたことによって、「北朝鮮」との関係を開くことを封じられた。国会での質問に対する政府答弁は、「北」との関係は依然白紙のままである」が、中国に対すると同様に「政経分離」を原則としてケース・バイ・ケースで対処するというものであった(『朝日年鑑』一九六六年版)。

日韓交渉と歴史認識

交渉のなかで両国間の認識の差を際立たせたことの一つに、歴史認識にかかわる問題があった。村田栄一によると、日本側は交渉過程で韓国の教科書記述を問題にしたという。これを受けて、六五年七月に朴政権の文教部は、「韓日国交正常化後は教科書の内容の検討も不可避」と述べ、「ゆきすぎた反日感情を強調している」記述を再検討し、日本への「礼遇」を守るべきだと述べたと伝えられている(前掲『高度成長と日本人』1)。

具体的な再検討の対象は、豊臣秀吉の朝鮮侵略についての記述で「倭敵」などの語句を取り除き、「三・一運動」「八・一五解放」などの語句の使用を見直すことであった。「一九一〇年、日本に国をうばわれ独立をうしなった」などの表現も問題にされていた。韓国内の条約反対運動の基盤にあった反日感情を考えれば、韓国文教部の対応はかなり踏み込んだものであった。

外国の歴史教科書記述について訂正を求めたのは、日本が先であった。

教科書裁判とアジア認識

このような日本政府の対応は、国内において日本史の教科書記述について強い検定意見が出され、修正を求められていたことと軌を一にしていた。

「韓国併合」に関して、小学校六年生の教科書『社会』の記述は、五四年にはかなりの紙幅を割いて経過を説明し、「朝鮮の人々のなかには、このままでは朝鮮は日本の植民地になりきってしまうといきどおる人」さえいたと伊藤博文暗殺にかかわる背景を説明し、日本政府が反対派を取り締り、賛成派の人たちを巻き込んで併合を進めたことが記されていた。ところが、六〇年には「一九一〇年には、韓国(朝鮮)を併合しました。この新しい領土は、日本の商品をどんどん送りこむ市場として、また必要な原料を求める場所として、日本の産業の発展のうえに、大きな役割りをはたしました」と改められた。さらに、六四年には、「その後、朝鮮を併合して日本の力を大陸にのばしていきました」、六八年には「さらに一九一〇(明治四三)年には、韓国(朝鮮)を日本に併合しました」と極めて短い記述へと改訂された(同前)。

このような改訂は、六二年に東京教育大学の家永三郎教授らが執筆した高等学校日本史教科書『新日本史』(三省堂)に対して、「戦争を暗く表現しすぎている等の理由により不合格」とされたことに示されるような、政府による検定が直接的な要因となっていた。家永は、日韓条約締結と同じ六五年に「教科書検定は憲法違反である」との考えに基づいて国家賠償を求める民事訴訟を提起した。これが、九七年に最高裁判所の判決で終結するまで、三二年という長期にわたった教科書裁判(家永による第一次訴訟から第三次訴訟)の始まりであった。最高裁の判断は、検定内容の一部に国の裁量権に逸脱があったことを認めたとはいえ、教科書検定自体は合憲としたもので、家永側の実質的な敗訴であった。

その間、八二年六月には教科書検定において、日本軍が華北に「侵略」と記述されていた箇所を、文部省が検定で「進出」という表現に書き改めさせたとの報道(正確には誤報。その年の検定では「華北侵略」の「華北進出」への書き換えはなかった。別の教科書で「東南アジアへ侵略」を「東南アジアへ進出」などと改めた例はあった)が発端となって、中国から抗議を受けた。

この時、政府は、「日本政府及び日本国民は、過去において、我が国の行為が韓国・中国を含むアジアの国々の国民に多大の苦痛と損害を与えたことを深く自覚し、このようなことを二度と繰り返してはならないとの反省と決意の上に立って平和国家としての道を歩んできた」ことを強調し、「我が国教科書の記述について(の)批判」に十分に耳を傾け、「検定基準を改め、前記の趣旨が十分実現するよう配慮する」との宮澤喜一内閣官房長官談話を発表した。しかし、歴史教科書問題は、その後、しばしば東アジア地域の友好関係を損なう火種となった。

2　開放体制への移行

貿易・為替の自由化

経済成長の進展とともに、国際経済社会との対等な関係の樹立を求める動きも明確になっていった。一九六〇年にＧＡＴＴ（関税および貿易に関する一般協定）やＩＭＦ（国際通貨基金）からの要請を受けて決定された貿易為替の自由化計画は、その具体的な表れであった。「温室育ち」の日本が世界の「冷たい風」にあたる試練と表現された自由化とは、それまで政府が実施していた外貨割当などを通した輸入貿易の制限を廃止し、外貨取引を自由にすることで国内市場を外国製品にこれまで以上に大きく開放するものであった。

「黄金の六〇年代」と呼ばれることになる時代の入り口に当たり、資本主義経済体制をとる西側諸国は、相互に貿易制限を緩和することによって一層の経済拡大を実現しようと動き出していた。国際的な自由化の流れに日本も乗り遅れないようにという意識が、経団連などの財界に強まり、こうした政策転換を促すことになった。

そのため、五九年末には量的にも大きかった原料綿花の輸入に関する為替制限が大幅に緩和された。さらに六〇年一月に「貿易為替自由化促進閣僚会議」が新設され、その審議に基づいて、同年六月二四日に「貿易為替自由化計画の大綱」がこの閣僚会議において決定された。その前日、安全保障条約の批准書交換を終えて退陣を表明したばかりの岸内閣によるものであった。その後の経済運営に重要な意味を持つ自由化計画を、退陣を表明した内閣が決定したという異様さから、時代の騒然とした雰囲気と、いかに経済政策に政治家たちが関心を払わなかったかが伝わってくるような出来事であった。

　この大綱に従って、七月にかけて、①外貨資金特別割当制度の廃止、②非居住者自由円勘定の創設と円為替の採用、③外貨の自動割当制品目の追加、など重要な自由化措置が実施または決定された。貿易面で品目別の自由化時期が明示されたわけではないが、「早期に自由化」「可及的速かに(おおむね三年以内)自由化」「時間をかけて自由化」「自由化困難」の四グループに分け、六〇年四月の自由化率四〇%を、三年後には約八〇%へ引き上げることを目標としたのである(為替面は二年以内に経常取引を原則として自由化)。

　これと並行して、為替管理という貿易の量的規制に代わって重要性を増した関税制度については、関

自由化

既存企業の株式取得		
1外国投資家当たりの制限比率	外国投資家全体	
	非制限業種	制限業種
5% 以下	15% 以下	10% 以下
7% 以下	20% 以下	15% 以下
7% 以下	20% 以下	15% 以下
7% 以下	25% 以下	15% 以下
7% 以下	25% 以下	15% 以下
10% 未満	25% 以下	15% 以下
条件付きで 100% 自由化		

表3-2　資本の

	企業の新設		
	非自由化業種数	50% 自由化業種数	100% 自由化業種数
第1次以前	全業種		
第1次(67年7月)		33	17
第2次(69年3月)		160	44
第3次(70年9月)		447	77
自動車自由化(71年4月)		453	77
第4次(71年8月)	7	原則	228
第5次(73年5月)	5		原則

税率審議会の審議に基づいて、「各産業界からは各品目の税率に保護関税的な色彩を濃くしてほしいとの要望が強かったが、むしろ国際競争力の強い産業の製品や輸入依存度の高い商品については、思い切った税率の引き下げがはかられた。しかし自由化への過渡期であるため、品目によっては自由化の衝撃をやわらげるような配慮も加えられ」た(『朝日年鑑』一九六一年版)措置が講じられた。

貿易為替自由化計画は、日本産業の国際競争力の上昇に基づく輸出拡大に支えられて、極めて順調に進み、六三年に自由化率は八九%になり、六四年には九三%と予定以上の進展を見せた。六四年の残存輸入制限品目数は、工業品六九品目、農産物六七品目の合計一三六品目にすぎなくなった。この品目数は、七四年にはわずか三二品目(農産物二四品目)まで減少した。

国際経済社会への開放は、六〇年代後半にさらに大きく前進した。貿易為替自由化を受けて、六四年に国際収支の悪化を理由として為替制限ができない国際通貨基金(IMF)八条国に移行し、経済協力開発機構(OECD)に加盟したことが契機であった。とくに後者では海運の自由化や外資輸入の自由化が加盟条件となっていた。こうした開放体制への移行は、海外渡航の自由化を通して、余暇としての外国旅行がブームとなるきっかけともなった。

資本自由化

日本のOECD加盟は、六二年秋に池田首相が訪欧した際に原則的な合意ができていたものであった。加盟のための予備交渉が六三年春から行われ、六月にはOECD調査団が来日して交渉が進められた。この結果、OECD憲章で自由化を求めている経常取引五四、資本取引二八の計八二項目のうち、一七項目の自由化を既加盟国の例に従って留保したほか、二項目には部分的制限を残して、残り六三項目の自由化を約束することになった。こうして日本は六四年に二一番目のOECD加盟国となった(『朝日年鑑』一九六四年版)。

六七年六月、政府は「資本取引の自由化基本方針」を決定した。これによって、外国資本が日本の国内で企業を設立すること、国内企業の株式を取得することに対する制限が取り払われた。また、外国企業からの技術導入によって合弁企業を設立する際に、四九%を超えて外国資本が株式を所有できないという制限も緩和されることになった。

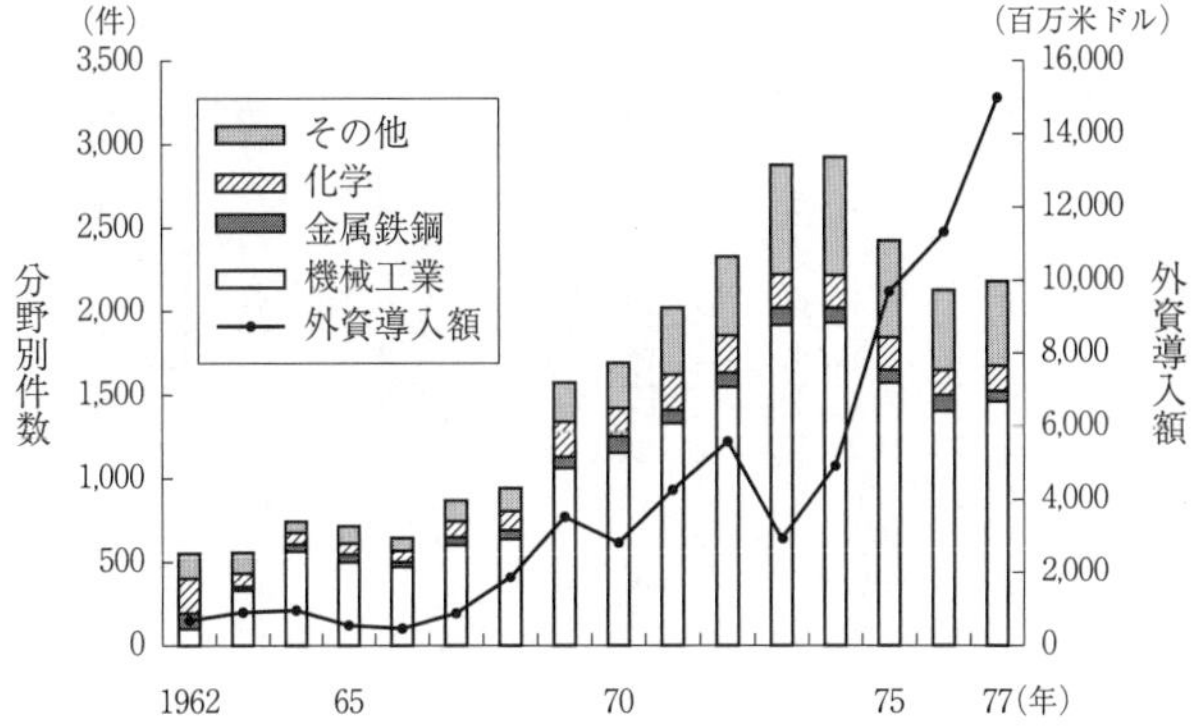

図 **3-1**　外国技術の導入

資本自由化措置は、貿易自由化に比べれば遥かに影響が大きいと考えられていただけに、時間をかけて段階的に進められた。その結果、まず、七月に五〇%自由化三三業種、一〇〇%自由化一七業種が開放されたのを皮切りに、第二次(六九年三月)から第五次(七三年五月)までに、表3－2のように順次自由化が進められた。第五次資本自由化措置によって日本は資本輸入を原則自由とし、制限業種は農林水産業、鉱業、石油業、皮革・皮革製品製造業、小売業だけとなった。

この一連の資本自由化によって、図3－1のように外国からの技術導入が活発化した。それまでも重要な技術に関しては海外からの技術導入によることが多かったが、六〇年代後半から七〇年代初めまで、コンピュータや自動車などの機械工業分野で多数の技術導入が行われ、産業発展の基礎を提供したのである。

このような技術導入の進展の効果の反面で、七三年現在の外資系企業の売上高シェアは二%、従業員シェアは一・二%にすぎなかった。外国資本による企業買収も進展しなかった。このことは、資本自由化を段階的に実施することによって競争圧力を緩和しつつ、「企業の設備と経営の合理化を促し、わが国企業の国際競争力を一層備えさせた」(有沢広巳監修『昭和経済史』中)ことを意味していた。

3　証券恐慌と大型合併

投資信託ブームの悪夢

所得倍増計画に象徴される強気の経済政策の下で、一九六〇年代初めの日本経済は高度成長を遂げていた。企業業績の好調が続き、これを反映して、株価が上昇した。この株式市場の活況に刺激されて、株式投資や、さらに新しく売り出された投資信託が関心を集めた。六一年の公社債投資信託の発売には、「銀行よサヨナラ、証券会社よコンニチワ」というキャッチフレーズが使われた。

こうして売り出された公社債投信は、発売開始一カ月で四六〇億円という爆発的な売れ行きとなった。投資信託に投下された資金量(年末残高)は、五五年ころの約六〇〇億円から、六〇年には一〇倍の六〇〇〇億円を超え、六一年には約一兆二〇〇〇億円になった。生活に余裕ができた人たちが株式や債券などに投資し、その資金によって設備投資を積極的に展開する企業の資金需要がある程度満たされるようになった。

しかし、このようなブームにもかかわらず、六〇年代半ばにかけて株式市場は一進一退を繰り返し、六〇年に一〇〇〇円台にのった東京証券取引所の平均株価は、翌六一年夏までに一八〇〇円へと急騰した後は下落気味となった。六四年終わりころには平均株価は一二〇〇円を下回り、三年半ほどで三分の二の水準に下落した。株価の値上りを期待していた投資家たちはかなりの損失を被った。

順調に見えた株式市場の不安定さのために、証券会社の経営は悪化した。それでも証券会社の多くは、違法性の高い「運用預かり」という手法で資金を集めて強気に営業拡大を図った。しかし、六四年秋には大手証券会社のうち三社までが赤字決算の見通しとなった。

株価低迷の背後には、過剰設備投資問題への警戒、物価上昇への懸念、人手不足問題などから、企業の収益基盤が弱くなっているとの見方があった。貿易自由化やその後に来る資本自由化が、日本企業の将来にどのような影響を与えるかなども不安材料だった。オリンピックによる公共投資によって支えられていたとはいえ、六四年には「マクロ好況、ミクロ不況」と呼ばれるような問題が生じていた。

六四年ころから六五年にかけて企業倒産が増加したことは、その不安を裏付けるようであった。ことに、六四年一二月のサンウェーブと日本特殊鋼、六五年三月の山陽特殊製鋼などの

「大型倒産」が発生すると、景気の先行きに対する悲観論が現実のものとなった。

六五年証券恐慌

六五年五月二一日、西日本新聞は「山一證券、経営難乗切りへ、近く再建策発表、社党、国会で追及か」という記事を掲載した。山一證券が、倒産の危機に直面していることを知らせる第一報であった。山一證券は、個人投資家の株式投資熱のなかで業績を伸ばしていた有力な証券会社の一つであった。その経営危機が明るみに出て、この年の日本経済は、これを起点とする証券恐慌への対応に追われることになった。

六四年秋に赤字決算を発表したころから、有力証券会社の経営状態が悪いことは、業界関係者や大蔵省には、ある程度知られていた。そのため、一〇月には、山一證券の経営建て直しを進めるため、メインバンクである日本興業銀行、富士銀行、三菱銀行が再建案の検討を始めていた。また、政府は、日本共同証券を設立して低迷する株式市場から株式を買い上げ、株価の回復を図った。さらに、証券業を登録制から免許制に改め、証券業への監督を強化する目的で証券取引法の改正を準備していた。

六五年一月、経営悪化の実態が明らかになると、事態の深刻さに驚いた銀行側は、大蔵省に経営再建のための救済措置を要請した。同省は、山一證券の経営破綻が証券恐慌から金融恐慌へと拡大する危機を回避することを優先し、混乱を避けるため極秘に対策の検討を開始した。

しかし、この極秘協議は、予想外に巨額の赤字(二八二億円)が判明するなかで、メインバンク三行の利害対立から再建策が纏《まと》まらなかった。いたずらに時間が経過するなかで、政府の要請によって締結されていた有力報道機関の報道自粛協定に加わっていなかった西日本新聞のスクープとなったわけである。

その日、田中角栄大蔵大臣は、「投資家に迷惑をかけない」「場合によっては日本銀行が資金面で特別の配慮をする」と談話を発表したが、スクープ報道は証券市場を恐慌状態に陥れた。二二日以降、山一證券の窓口には長蛇の列ができ、取引口座が解約されていった。来客数は連日一万人を超え、山一證券では一週間で一七七億円の解約に応じることを余儀なくされた。同證券広島支店では顧客整理のために警官が出動し、神戸支店では投石によって支店のガラスが割られた。不安心理に駆られた顧客は、他社にも殺到した。

日銀特融と金融緩和

二八日夜、東京赤坂の日本銀行氷川寮で、田中角栄大蔵大臣、大蔵省幹部、佐々木直《ただし》日銀副総裁、富士、三菱、興銀の頭取が緊急に会合した。この会合で田中蔵相は、逡巡する日本銀行をしかりつけるようにして、日本銀行法の第二五条に「日本銀行は主務大臣の許可を受け信用制度の保持育成の為必要なる業務を行うことを得」という条文があることを根拠に、山一證券に特別融通を行い、経営再建を図るという救済案を決定した。この田中蔵相の大胆な対応によって、取り付けはようやく沈静化に向かった。

落ち込んだ景気に対して、日本銀行は、六五年初めから三回にわたって公定歩合を引き下げ、また、日本銀行の通貨供給を抑制していた窓口規制を六月に廃止し、七月に預金準備率を引き下げるなど、相次いで金融緩和策をとって対応した。

ところが、政府は、五月に「各省庁に対し義務的経費を除く予算の一割留保を通達し」、六月初めには「経済の現状認識として「おおむね底入れ」の判断を決め、過剰生産というデフレ現象と、消費者物価の高騰というインフレ現象の併存のなかでは、人為的な刺激策はとらない、という方向を明らかにした」(『朝日年鑑』一九六六年版)。不況感が拡大し、金融面からの対策がとられているさなかに、その効果を打ち消すように、財政支出を引き締め、財政面から積極的な対策をとらない、と表明したのである。先行き税収が厳しくなることを懸念する大蔵省の主張に引きずられた判断だった。

この措置について、のちに金森久雄は「経済学の無知が如何に害悪を生むかの見本ですね」と酷評している(前掲『高度成長期への証言』下)。経済学の理論を振り回すことが「害悪を生む」こともあるだろうが、この時の政府の対応策は評判の悪いものであった。

六月に内閣改造によって蔵相に就任した福田赳夫《たけお》は、経済界の要請を受けて六月一八日に、①公共事業の早期促進、②財投計画の早期実施、③外航船舶の建設促進などを決めた。さらに七月二七日には、予算の一割留保を解除し、財政投融資の拡充及び繰上げ実施、政府系中小金融機関の金利引下げなどの景気対策に踏み切った。もっとも、その後も不況深刻化をよそに、福田蔵相は「秋ぐちにはつま先上がりで景気回復」と繰り返すばかりで、景気対策は後手にまわり、小出しにする佐藤内閣の不況対策は必ずしも評判はよくなかった。

しかし、七月の景気対策にはこれまでにない重要な内容が含まれていた。それは、「長期財政経済政策の一環として長期減税構想を打立て、これを推進するとともに、

赤字国債発行

社会資本の充実をはかることとし、これらと関連して財政の健全化、合理化につとめつつ国債発行を準備する」（『朝日年鑑』一九六六年版）という景気対策の文言に含まれていた、「国債発行」であった。つまり、政府は、四九年のドッジライン実施以来守り続けてきた均衡財政主義を放棄し、財政法第四条の非募債原則にもかかわらず、赤字公債発行に基づく景気刺激策に踏み切ったのである。

これをきっかけに株式市場もようやく回復に向かい、六六年以降、日本経済は岩戸景気を上回る長期のいざなぎ景気のなかで、再び高度成長を謳歌することになった。そして、景気回復と株価回復が追い風となり、再建を目指していた山一證券は四年後には特別融通を完全に返済し、再び四大証券会社の一角を占めることになった。それから三〇年後の九七年、同社は再度の経営破綻によって消滅する。六五年の経営破綻の原因が無理な顧客獲得競争によって損失が累増したことだったにもかかわらず、その教訓が生かされなかったためであった。

証券恐慌をきっかけに、大蔵省は証券行政に強い権限をもつようになり、金融界全体への影

響力を強めた。こうして「護送船団方式」と呼ばれることになる、保護主義的な金融行政が強化された。産業界が資本自由化による開放経済体制への移行により国際市場での対等な競争関係への対応を迫られている一方で、金融行政は異なった道を歩むことになった。

それとともに、証券恐慌の経験は、財政面に重大な禍根を残した。戦時の際限のない財政膨張が赤字国債発行によるものであったことの反省から、明確な歯止めとなっていた財政上の規律は、この時の公債発行による不況対策の経験によって、失われた。その後、景気後退のたびに、不況対策として赤字国債の発行による景気対策を求める声が高まり、膨大な赤字国債の累積を招く遠因となったからであった。

4 大型合併と企業システム

産業・貿易構造の高度化

一九六五年の不況から回復した日本経済は、それまで以上に高率の経済成長のもとで、経済大国としての地位を確立していった。国民総生産は六八年にアメリカ・ソ連に続いて第三位の規模に達した。産業構造は先進工業国と遜色のない水準に高度化を遂げ、重化学工業部門の比率が高くなった。図3－2のように製造工業部門の付加価値構成は、機械工業を中心に重化学工業比率が増大し、重化学工業化率は五〇年の

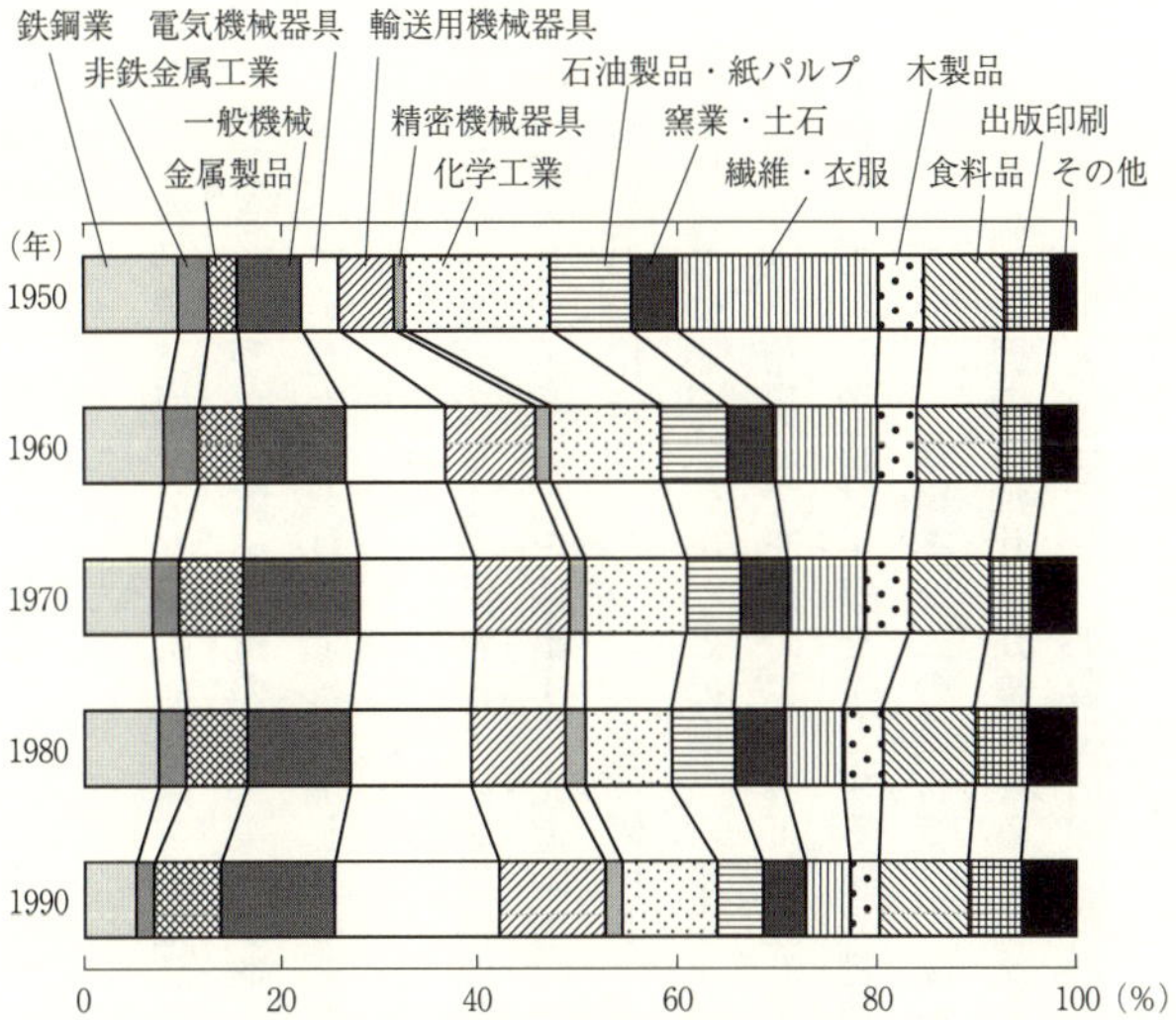

図 **3-2**　産業別付加価値構成の推移

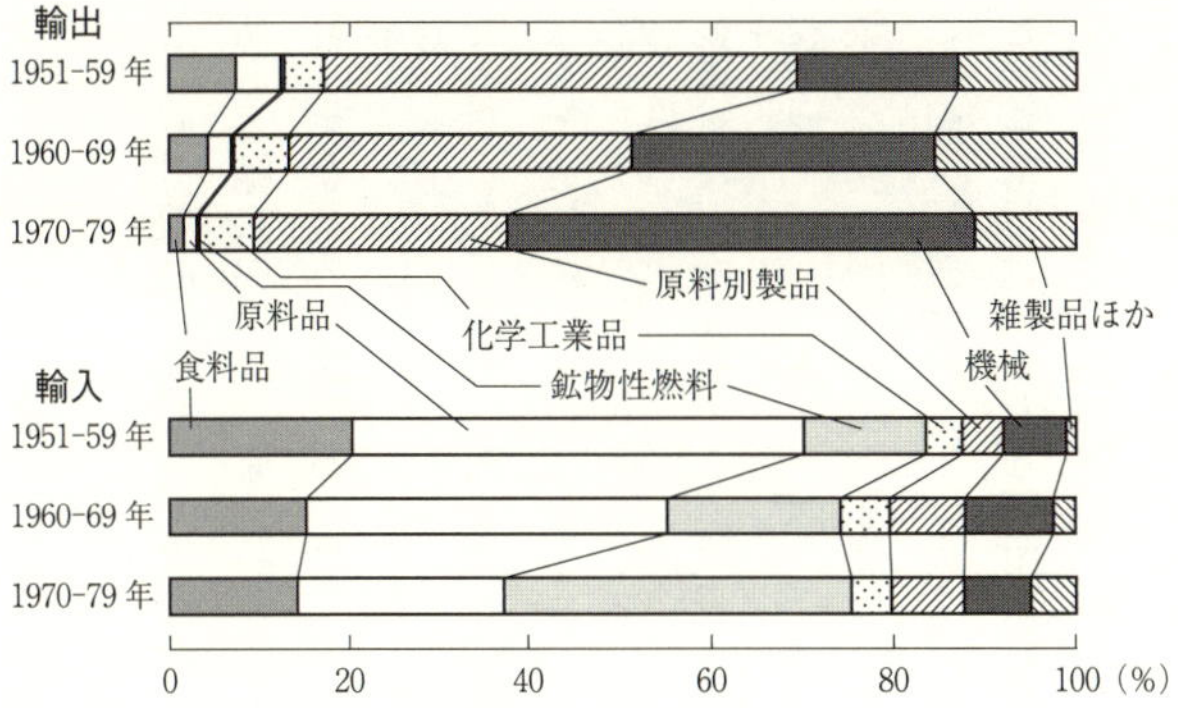

図 **3-3**　商品別貿易構成

四六・六%から、六〇年の五九・九%、七〇年の六二%と上昇した。これに対応して、繊維製品などの地位が大きく後退した。

他方、貿易構造面でも、輸出面では、繊維品を中心とした原料製品に代わって機械の比率が極めて大きくなった。輸出構造の重工業化が進んだのである。輸入面では、原料品の輸入も重要性を保っていたが、それ以上に増加したのが鉱物性燃料、すなわち石油であった。前者は綿花などの減少した原料品が含まれていたことから増加は顕著とはいえなかったが、他方で、原料炭や鉄鉱石などの重工業原料輸入の重要性が増していた。こうして原料・燃料などの第一次産品を輸入し、工業製品を輸出する先進国型の貿易構造となった。

産業構造の変化には、二つの異なる変化が重なっていた。その一つは、鉄鋼業だけでなく、計画造船に基づいて造船業などの旧型の重工業や生産設備機械などが発展する、投資主導型の経済発展が海外市場までを視野に入れて持続していたことであった。その一方で、自動車や家電製品などの耐久消費財生産を主とする組立型の機械工業の発展が国内市場の順調な拡大によって実現していた。鉄鋼業などの素材産業の発展には、この耐久消費財産業の拡大も貢献していた。また、新興の石油化学が提供するプラスチックなどの新素材は、これらの耐久財産業の発展とともに用途を拡大し、消費生活の改善に不可欠となった。化学工業の中心であった石油化学は、このような意味で国内市場に依存した発展を遂げていたから、輸出に占める化学製品の比率はそれほど高くなかった。産業構造の重化学工業化と対比すると、輸出構造は重工業化と表現することが適当な変化を示していた。

耐久消費財生産の拡大は、量産化による価格低下によって促された急速な普及率の向上が、第一の条件であった。とくに多くの家電製品では、開発初期の製品価格は高くとも、普及率の上昇による量産効果と、生産工程の習熟度の上昇とによってコストが低下し、価格が目に見えて下がり、それによって普及率がさらに上昇するという循環を示した。自動車では、これに対比できるほどの価格低下は見られなかったが、多様なグレードの車種が増加するとともに、同一価格帯では性能が確実に向上することで顧客満足度は高まっていった。

割賦販売制度が普及したこと、ボーナスなどを含めて勤労者世帯の所得増加が安定的に実現していたことが、このような普及率の上昇を支えた消費者側の条件であった。これに加えて、都市部での核家族化などによる世帯数の増加が、市場拡大の水準を押し上げていたという面もあったと指摘されている（吉川洋『日本経済とマクロ経済学』）。

「第二の黒船」論

もちろん、高度成長下の経済発展に誰もが自信を持っていたわけではなかった。六〇年代前半に貿易自由化が進展し、資本自由化が目前に迫っていた時期に、通産省を中心に国際競争力強化を狙った特定産業振興法が立案されたのは、そのような面をよく示していた。自由化によって日本企業が生き残れるのかどうかが真剣に議論されていた。とくに、資本の自由化によって強大な競争力をもつ欧米の大企業が日本に進出した場合には、日本企業は競争に敗退し、外国企業に買収されるのではないかと心配されていた。そのために、資本自由化は、「第二の黒船」といわれた。

通産省の特定産業振興法案は、「官民協調」方式によって産業体制を調整することを意図していたが、経団連が政府の許認可権限が拡大することを懸念し、民間の「自主調整」が望ましいとして反対した。また、大蔵省の意向を受けた銀行業界は、通産省が資金配分に関する権限をもつという「縄張り侵害」(前掲『日本政治史4』)に反対した。このためこの法案は、「スポンサーなき法案」といわれ、制定に至ることはなかった(城山三郎『官僚たちの夏』)。しかし、このような法案が提案されるほど、「後進国」日本は資本自由化を脅威と感じていた。それは、政策側の「空騒ぎ」であり、民間側は国際競争力に自信を持っていたと評価される側面をもっていた(有沢広巳監修『昭和経済史』中)。しかし、この法案が提案していた「官民協調懇談会」などが一部の産業では六〇年代後半に発足するなど、民間企業でも自由化の脅威への対策を講じることは、喫緊《きっきん》の課題となっていた。特定産業振興法案が成立しなかったのは、その目指す方向が否認されたのではなく、それを実現するための政策手段の体系に関する異論からだった。

そのため、すでにふれたように、資本自由化措置は貿易自由化に比べて時間をかけて進められただけでなく、民間側でも独自の対応がそれぞれの状況に従って選択された。

対応の一つは、五〇年代初めから進んでいた旧財閥系銀行を中心とした企業集団（三井、三菱、住友）の株式相互持合い強化であった。さらに、それまで集団としての凝集力が必ずしも明確ではなかった第一銀行系（のちに合併により第一勧銀系となる）、富士銀行系、三和銀行系の三つの企業群も持合いを強化することにより企業集団としての性格を強めた。こうして六大企業集団が形成された。

五〇年代前半の企業集団の形成期には、有力財閥系企業のなかに買収の危機を経験したものがあり、それを回避するために戦前来の企業間関係を利用して株式持合いを図ったこと、集団形成によって独立前後に使用が認められた財閥の「商号」を守ること、などの機能を企業集団は果たしていた。社長会や総務部長会など各階層での横の連絡のための定期的な会合も開かれるようになった。財閥解体措置によって徹底的に分割された三井物産や三菱商事の再結成にも、企業集団は重要な媒介役となった。

株式持合いの強化

こうした経験をもとに六〇年代後半には、外国投資家から経営権を守るために、株式の相互持合いがさらに進んだ。六五年の証券恐慌によって株価が低落していたから、投資家にとっては好機であり、日本企業側から見れば、買収の危険が高かったため、その予防措置として、株価を回復し、市場の浮動株をできるだけ少なくする方が望ましかった。

こうした事情から、六〇年代後半には企業集団の持合比率が上昇した。従来から持合比率が高かった三菱や住友でも、それは三割近くに達し、三井では六四年の九%から七三年に一七%となり、芙蓉グループ(富士銀行系)では六・三%から一四%、三和グループでは一〇・二%から一三・七%となった。

大型合併の進展

対応のもう一つは、企業合併によって外国企業に対抗しうる企業体制を整えることであった。通産省の「官民協調論」が、企業合同によって対外的にも遜色のない大企業体制を作ることを目標としたことも、このような動きを後押しした。

こうして「大型合併の時代」が訪れた。しかも、それは、過度経済力集中排除法に基づく企業分割を通して作り出された戦後の産業体制の再編を意味した。独占禁止法の理念に沿う競争的な市場構造を、企業合併によって寡占的な市場へと再編成する動きであった。

具体的な動きは、六三年に三菱重工系の三社が合併契約を締結し、翌六四年に合併が実現したのを皮切りに、表3-3(主な企業合併)のように、六〇年代後半に大企業間の合併が進んだ。このうち、三菱重工の場合には、三社合併による競争力強化が必要との判断に基づいて、三菱商事や三菱銀行を中心に企業集団の関係企業が後押ししたといわれている。

これらの企業合併には、同一企業集団内のケースが多いこと(東洋高圧と三井化学、川崎重工の川崎航空機・川崎車輌など)、財閥解体時に分割された企業の復元のケースが多いこと、などの特徴があった。この後者のケースとして、この時期の大型合併問題の焦点となったのが、

表3-3　主な企業合併

1964年 4月	新三菱重工業，三菱日本重工業・三菱造船を合併
1965年 4月	神戸製鋼所，尼崎製鉄を合併
1966年 4月	東洋紡績，呉羽紡績を合併
1966年 8月	日産自動車，プリンス自動車を合併
1967年 8月	富士製鐵，東海製鉄を合併
1968年10月	日商，岩井産業を合併
1968年10月	東洋高圧工業，三井化学工業を合併
1969年 4月	川崎重工業，川崎航空機・川崎車輛を合併
1969年 6月	住友機械工業，浦賀重工を合併
1969年10月	ニチボー，日本レイヨンを合併
1970年 3月	八幡製鐵，富士製鐵を合併

六七年ころから動き出した、王子製紙の合併問題と八幡と富士の合併であった。

合併の動きを先に公表したのは六八年三月に契約締結となった旧王子系三社であったが、この計画は、その後、八幡・富士合併問題をきっかけに大型合併反対論が強まっていくなかで、実現困難と判断されたためか、見送られた。

公正取引委員会が大型合併に慎重であり、これをサポートするように、従来から独占禁止法擁護の姿勢を示していた消費者団体だけでなく、経済学者が積極的に発言したことが特色だった。近代経済学者もマルクス経済学者もともに、独占の弊害が大きいとの意見に基づいて合併に反対した。

日本製鐵を分割して設立された八幡製鐵、富士製鐵の二社の合併問題は、両者首脳の間で水面下で進んでいたが、六八年四月に新聞のスクープ記事によって明らかになった。その後、表3－4（八幡・富士合併問題の経過）のように、

表 3-4　八幡・富士合併問題の経過

1967 年 6 月	閣議，資本取引の自由化方針決定
1968 年 3 月 21 日	王子系三社(王子製紙，十条製紙，本州製紙)，合併契約締結
4 月 17 日	毎日新聞，「八幡・富士合併」をスクープ
5 月　1 日	永野・稲山両社社長，69 年 4 月合併を正式発表
6 月 15 日	経済学者 90 名の組織する独占禁止政策懇談会，合併反対表明
7-8 月	産業構造審議会基本問題特別委員会，集中審議．最終的に「大型合併は必要」と結論
10 月	公正取引委員会，委員会審査開始
1969 年 2 月 24 日	公正取引委員会，事前審査の結論を口頭で両者に伝え，4 品目について，独占禁止法に抵触の恐れがあると内示
3 月 12 日	両社，対応策を提出
3 月 24 日	公正取引委員会，正式審査開始
5 月　7 日	公正取引委員会，合併否認勧告．両社，勧告を拒否
6 月 19 日	正式審判開始(合併計画が審判に持ち込まれた最初のケース)
10 月 30 日	公正取引委員会，審決交付．合併正式に決定
1970 年 3 月 31 日	新日本製鐵，成立

資料：『通商産業政策史』第 8 巻より作成

六九年四月に予定されていた合併が公正取引委員会の審査などに時間がかかり、一年遅れて七〇年三月に実現の運びとなった（武田晴人『日本経済の事件簿』）。

この間、公正取引委員会の態度は、合併によって成立する新会社のマーケット・シェアが高くなりすぎて、競争状態を維持するという基準に照らして問題があり、両社の計画は認められないというものであった。これに対して、両社はあくまでも合併実現を追求した。こうして合併計画は、独占禁止法制定以来初めて公正取引委員会の「審判」に委ねられることになった。

結局、この問題は、新会社のシェアが高くなりすぎると指摘された四品目について、競争会社に設備を譲渡するなどさまざまな措置をとることで、公取委の基準をクリアして合併承認に至った。こうして、世界最大の製鉄企業USスティールに匹敵する巨大企業が誕生した。

企業集団の強化と大型合併によって企業体制が強化されたことは、六〇年代後半以降、日本企業の国際競争力を強め、世界市場への進出を可能とする基礎的な条件となった。

日本的経営の形成

相対的な規模の小ささを合併によって克服しようとした日本の企業は、企業集団を超えるような合併には関心を示さなかった。むしろ、企業集団はそれぞれ競い合うように、似たような産業分野をひと揃いその傘下におくようになった。この特徴は、宮崎義一によって「ワンセット主義」と表現され、日本経済の競争的な構造をもたらす特質の源泉となっていると指摘された（宮崎義一『戦後日本の経済機構』）。

しかし、企業集団が果たした役割として、より重要なのは、相互持合いによって安定株主を形成し、経営者が高い自律性をもつようになったことであった。「経営者資本主義」と呼ばれる特徴は、第二次世界大戦前のアメリカで見出された現代企業の特徴であり、「黄金の六〇年代」のアメリカでも支配的な企業のあり方であった。アメリカでは株式所有の分散によって実現した経営者資本主義を、日本では持合いによって実現したという違いはあったが、専門経営者が尊重されていたという点では共通していた。

異質であったのは、第一に、労働組合が企業別組合であり、従業員は終身雇用と年功賃金という制度のもとで、大企業では比較的安定した地位を得ていたことであった。従業員はＱＣ(Quality Control 品質管理)運動などによって生産性向上に協力し、企業経営への参加意識が高かった。そのために生産現場のコスト意識が高く、企業別組合であるために、技術革新に伴う配置転換の必要などにも柔軟に対応できるなどの特徴もあった。このようなメリットにもかかわらず、企業別組合は、この当時、「後進国」日本の多くの専門家たちは、日本の労働者の権利意識が低いことを示す証拠と考えていた。職種別の組合が支配的な欧米の組合の組織形態と比較され、その理想の姿に比べて日本の後進性を示す側面と見なされていた。

第二に、下請関係なども含めて緊密な企業間関係が比較的長期に維持される傾向にあった。組立加工型の機械工業において、組立メーカーと主要部品メーカーの関係は、六〇年代になると両社間の技術交流によって部品メーカーの生産性向上を図り、一体となって最終製品のコスト削減を試みる面も生まれた。このような関係の必要性についても、機械工業の基盤が狭いために、必要で十分な部品を市場を介した取引によっては購入することが難しい、そうした特殊性によるものと説明されていた。

ただし、この二点とも、比較的大規模な企業の労働者と取引企業とに限られていた。中小企業に目を転じれば、労働組合の組織率そのものが低く、従業員の長期勤続率も低かったし、親企業に主要取引先と見なされない企業にとっては、厳しい取引が強いられていた。

第三に、大企業には、メインバンクといわれる主取引金融機関があり、運転資金調達に関しては、メインバンクを中核とする協調融資が重要な役割を果たした。他方で、六〇年代後半に入ると、設備資金などの長期資金調達では自己金融化が進行していたが、残高ベースでは銀行への依存度が依然として高かった。資本市場の発達の後れが、ここでもこのような特徴をもたらす原因とされた。

これらは、いずれも日本企業の特徴ではあったが、この時期には、欧米先進国企業のあり方とは異質であり、日本の経済システムが後進性を脱却できていないために生じている特徴と考えられていた。職種別の組合の未発達、機械工業の裾野の狭さ、資本市場の役割の低さなどは、そのような意味で、問題があるとされていた。ただ、こうした評価が逆転し、日本企業の強さの源泉だと言われるまでには、それほど時間はかからなかった。

企業体制の変化のなかで、日本企業の国際競争力が次第に上昇し、工業製品市場で外国品と遜色のない価格と品質を実現できるようになった。それは、六〇年代後半に貿易収支が大幅に改善されたことに表れた。六七年を転機にして、貿易収支は、恒常的に黒字を示すようになり、その結果、前掲図2-1(八二頁)のように外貨は好況の持続にもかかわらず、順調に増加するようになった。そのことは、六〇年代前半までにみられた「外貨の天井」が消滅したことを意味した。これ以降、景気循環は外貨の不足による引締政策によって引き起こされる「ストップ・アンド・ゴー」によって生じることはなくなった。それがいざなぎ景気が、これまでの好況期と比べて長期に継続し得た基本的な理由であった。

貿易黒字大国へ

もちろん、このような外貨の制約がなくなったからといって、経済変動に対する政策的な介入の余地がなくなったというわけではなかった。外貨に代わって経済運営に重要な指標となったのが、消費者物価の上昇率であった。池田内閣期からやかましくなっていた「物価問題」は、それが給与生活者の実質所得の抑制につながるだけに、政府の経済政策に対する強い批判を呼び起こしやすいものであった。そして、それはあまりに早すぎる経済成長がもたらす経済構造上の「ひずみ」と見なされていた。

池田内閣の成長優先政策が、さまざまな側面での「ひずみ」も高度成長させていると考えられるようになっていた。池田内閣の成長政策を批判して、佐藤内閣が、より安定的な成長軌道への修正を図ったのは、このような変化に対応してのことだった。こうして物価は、六〇年代後半以降には経済政策運営上の、もっとも注視すべき指標となった。

5 「成長志向」への異議申し立て

佐藤内閣の政治姿勢

一九六四年一〇月、東京オリンピック終了の翌日に退陣を表明した池田に代わって、佐藤栄作が後継自民党総裁に選ばれ、内閣を組織した。佐藤首相は、六五年六月に内閣を改造して池田内閣から引き継いだ内閣の顔ぶれを一新して自らの体制を強化した。改造直後の閣議で、佐藤首相は、新内閣の課題として、①責任政治の確立、②行政機構改善の推進、③経済停滞の打破、④青少年の健全な育成、などを挙げた。さらに記者会見において、吹原産業事件(自民党総裁選にかかわる献金疑惑及び詐欺事件)や東京都議会の汚職(後述)などを念頭において「政治家自身がまずえりを正して責任の所在を明確にすることが第一だ。〈有言実行〉で実行力のある政治をする」ことを強調した。こうして臨んだ七月の参院選挙では、ほぼ現状を維持した。

この直後、内閣改造で閣外へ去っていた河野一郎が急死し、さらに八月には池田も死去した。佐藤と後継を激しく争った河野の死によって自民党内には佐藤と対抗できる実力者はいなくなった。河野とともに党人派を代表していた大野伴睦は前年に死去していた。こうして佐藤内閣の党内基盤は極めて強固なものとなった。

発足から一年余りの間に、佐藤内閣は、池田前内閣以来の懸案であったＩＬＯ（国際労働機関）87号条約批准、農地報償法、日韓国交正常化などを解決した。また、八月に首相としては戦後はじめて沖縄を訪問し、空港で「私は沖縄の祖国復帰が実現しない限り、日本にとって、〈戦後〉が終っていないことをよく承知している」と述べ、施政権返還に努力する姿勢を示した。

このように積極的な姿勢で懸案解決に取り組んだ佐藤首相は、池田前首相の「寛容と忍耐」に代えて、「寛容と調和」をみずから基本姿勢としてかかげた。この変化について、『朝日年鑑』は、「言葉のうえでは大差ないが、実行面、とくに国会対策の面では大きな差が生じた」（一九六六年版）として、懸案解決の国会審議だけでなく、大きな案件のすべてが強行採決に持ち込まれたことに示される政治姿勢を問題としていた。また国会では、防衛庁統幕会議が六三年度に行った統合防衛図上研究（「三矢研究」）について、自衛隊が議会制民主主義を否定し、軍事クーデターを企図したのではないか、と社会党から追及された。これも議会政治を政府が軽視している証拠とされた。実兄である岸信介と佐藤首相は、その政治姿勢にも共通するところがあった。

政治腐敗

強硬な議会運営に加えて、政治体制への批判が強まったのは、カネに絡んだ政治的な腐敗が相次いで明るみに出たことであった。まず、東京都議会において議長選挙にからむ買収事件が発端となって、都民の議員リコール運動(五月)、都議会解散による選挙(七月)となった。その結果、社会党が四五で第一党となり、自民党三八、公明党二三、共産党九、民社党四、無所属一となった。自民党の惨敗であった。自民党は、参議院選挙において共産党の野坂参三が東京地方区で最高点当選したことと相まって、大きな衝撃を受けた(『朝日年鑑』一九六六年版)。

東京都議会が例外であったわけではなかった。自民党政権が長期化するなかで、政治家は利権に群がりはじめていた。たとえば、八月に政府が物価対策のために設置した地価対策閣僚協議会において新東京国際空港建設が内定すると、「早耳筋が土地の買占めに動く」という有様であった(同前)。

さらに、翌六六年八月には、田中彰治《しょうじ》代議士が、国会の決算委員という立場を利用した恐喝、詐欺などの疑いで逮捕されただけでなく、自民党の大臣や国会議員の腐敗、職権濫用が、次々と明るみに出た。国有林の払下げ問題とこれに関連した共和製糖問題、選挙地盤の埼玉県深谷駅を国鉄の急行停車駅とした荒船清十郎《あらふねせいじゅうろう》運輸相の職権濫用、上林山栄吉《かんばやしやまえいきち》防衛庁長官と松野頼三《らいぞう》農相の公私混淆事件などであった。中央だけでなく、地方議会・自治体を舞台とした汚職、腐敗事件も、福井・茨城の県議会、高松市議会をはじめ、きわめて広範かつ多数起こった。このため内閣の支持率は二五%まで急落し、自民党内でも一二月の総裁選挙で佐藤批判票が三分の一を上回った。

こうした背景から、六六年秋には「黒い霧」と呼ばれた相次ぐ不祥事に関する国会での追及が続いた。佐藤首相は閣僚に向けられた疑惑に対処するため、八月に改造したばかりの内閣を一二月に再度全面的に改造せざるを得なくなった。

「黒い霧解散」

議会での野党の追及だけでなく、政治腐敗に対する批判は、国民的基盤をもつ政府批判の運動に拡大した。日本婦人有権者同盟(市川房枝《ふさえ》会長)など民間九団体で結成している選挙法改正運動協議会は、六六年一月に「国民運動で政界を監視しよう」と申し合わせた。

この席上で、六〇年以来の政治資金の追跡調査をしていた婦人有権者同盟は、六五年分の政治団体、政治家の政治資金収支報告書に関して、「①政治献金は現行法上合法ではあるが、実態は業界のワイロとみることができる、②政治家の税金の申告はあいまいなものが多く、とくに派閥から受けた盆、暮れなどの手当は所得として申告されていない疑いがある、③政治資金規正法がザル法であることとともに、法人税法により企業に政治献金の特典が与えられていることが、政界と業界との腐れ縁の原因をつくっている」と指摘し、「自治省に届けられた六五年上半期の収支報告書から自民党関係の団体が政治資金をマージャンの賞品代、ゴルフの入会金や会費、ボーリング代にあてていることを明らかにした」（『朝日年鑑』一九六七年版）。

さらに、同年一一月には市川房枝参議院議員の呼びかけに応じて、文化人グループも加わって「政治資金規正懇談会」が発足した。懇談会には長谷部忠《はせべただす》、辻清明《つじきよあき》、中野好夫、平林たい子などが参加して、法改正のための試案の作成などに取り組んだ。

政治腐敗への批判の高まりに対して、補正予算審議のために一二月半ばに国会審議を再開しようとした政府与党に対して、衆参両院で野党が審議拒否で同調し、与党単独審議が行われる異例の事態となった。「黒い霧」を理由とした解散は不利と判断していた政府は、強行突破を図り、一九日には衆議院で各関係委員会と本会議を開いて、補正予算案と関連法案を可決し、翌二〇日には参議院でも同様の手続きで与党単独審議で補正予算案を可決したほか、前国会からの継続審議法案まで成立させた。常軌を逸した多数の横暴ともいうべき議会運営であった。同日、佐藤首相は「国会正常化に努力を続けたい」と表明したが、前年の国会でもＩＬＯ87号条約批准などの懸案解決が強行採決に次ぐ強行採決であったことを上回る、単独審議・採決の強行は、野党側との話し合いの余地を失わせていた。結局、年も押し迫った二七日、佐藤首相は衆議院を招集するとともに同日解散し、総選挙を行うことになった。

総選挙の結果は、不利を予想された自民党が、議席総数が一九増加するなかで、二八三から二七七に微減、社会党が一四四から一四〇となった。はじめての衆議院選挙となった公明党が二五議席を一挙に獲得し、その存在感を増した。予想外の健闘に自民党本部は「勝った勝った」と祝杯を挙げ、社会党は敗北感にうちひしがれたが、自民党の相対得票率（投票総数に対する得票比率）はこの時はじめて五〇％を切った（前掲『日本政治史4』）。

五〇年代半ばから地方選挙や参議院選挙で候補者を出していた創価学会は、六二年に公明政治連盟を設立し、六四年にこれを公明党に改組して、この衆議院選挙に臨んでいた。初の総選挙における二五議席獲得は、組織票を基盤とした強味を示し、以後、他党の脅威となった。

革新都政の誕生

六七年一月の総選挙は、公明党の躍進や共産党の善戦が目立ち、「多党化時代の幕明け」を象徴するものだといわれた。とくに保守の地盤であった農村部でも革新票が増加したことが、このような評価を裏付けていた。自民党の相対得票率は、これ以降次第に低下した。

同年四月の統一地方選挙でも自民党の停滞が目立ち、野党各党が議席を伸ばした。知事、市長選では保守優勢は変わらなかったが、東京都知事選で社共両党推薦の美濃部亮吉《みのべりょうきち》が当選して、東京都に初めて革新知事が誕生した。この選挙では、自民・民社両党が推す松下正寿《まさとし》候補と、公明党が首長選挙では初めて擁立した独自候補との三つどもえの激戦となったが、「明るい革新都政をつくる会」という市民運動を組織化し、文化人、知識人などを中心とする幅広い選挙運動を展開し、婦人票や浮動票を獲得したことが美濃部陣営の勝因に数えられた。都議会の腐敗以来増加した保守批判票が選択した革新都政の誕生は、都市部での保守退潮を明確に示すものであった。

六八年七月の参議院選挙では、自民六九(一減)に対して、社会二八(五減)、公明一三(一増)、民社七(三増)、共産四(一増)と、社会党が議席を減らし、他の野党の増加が目立った。しかし、自民党が現状維持に近い議席を確保したとはいえ、それらは、石原慎太郎、今東光《こんとうこう》、大松博文《だいまつひろぶみ》らのタレント候補が全国区でいずれも高位当選したことによる面が強かった。無所属でも青島幸男、横山ノックがそれぞれ大量得票し、参議院全国区は、政策よりも知名度を優先する大衆社会状況を反映した選挙結果となった。

都市部を中心に保守が基盤を失った理由は、公害などの問題が深刻化し、これに対する政府の対応の遅れが目立ったためでもあった。やや後のことだが、鹿児島県志布志湾、青森県むつ小川原の反公害住民運動、石川県や新潟県における原子力発電所建設の可否をめぐる住民投票、アメリカ軍相模補給廠をめぐるベトナム向け戦車搬送反対運動など、革新自治体の増加の基盤には、地方政治のあり方を変えていこうとする住民運動、住民の政治参加があった。

都民の支持を得た美濃部都政は一二年間続き、その間に老人医療費無料化、高齢住民の都営交通機関無料化、公害対策など、福祉・環境政策においてさまざまな施策を打ち出した。歩行者天国の実施や公営ギャンブルの廃止なども、その在任中の施策であった。これらは、革新自治体が、国政レベルで取組みが後れている福祉などの問題に積極的に取り組むことで、住民の支持をつかんでいったことを示していた。政治腐敗だけが問題ではなかった。そのなかで、有権者の方に顔が向かない自民党の政治体質が批判にさらされはじめていた。

七〇年代前半にかけて、革新系の首長は大阪府、埼玉県、岡山県、神奈川県、滋賀県などでも選出され、革新自治体の数が市町村を含めて徐々に増加した。七二年現在、革新知事は全国で七人、全国六四三市のうち一二六市が革新市長となった。しかし、国政レベルでは社会党が六九年末の総選挙で選挙戦略の失敗もあって大敗するなど退潮に歯止めがかからず、保革の対立の構図は、大きく様変わりしつつあった。

「社会開発」を政策の主要な柱としていたにもかかわらず、佐藤内閣が、経済優先の対応をとり続けたことへの批判が強まっていた。それぞれの地域のニーズに即した自治体レベルできめ細かい対応を求める声が、地方選挙の結果に結びついていた。

環境破壊と公害紛争

深刻化する環境破壊は、五〇年代後半にはすでに熊本県水俣地方の「奇病」の発生や、大気汚染、水質汚染、地盤沈下などの問題として認識されていた。しかし、これらが企業活動に伴って発生している人為的な加害に基づくものであるとの認識は薄かった。水俣病が工場排水に起因する有機水銀中毒であることは、熊本大学医学部などの研究によってかなり早い時期に確かめられていた。しかも、五九年一一月には食品衛生調査会が厚生大臣に「水俣病の原因は水俣湾にすむ魚介類の体内から検出される有機水銀化合物である」と答申していたにもかかわらず、そうした科学的な検証に対して、政府は冷淡であった。政府が有機水銀説を認め、水俣病を公害病と認定するのは六七年のことであり、この遅れが、阿賀野川の第二水俣病の発生など被害の拡散と拡大をもたらした。

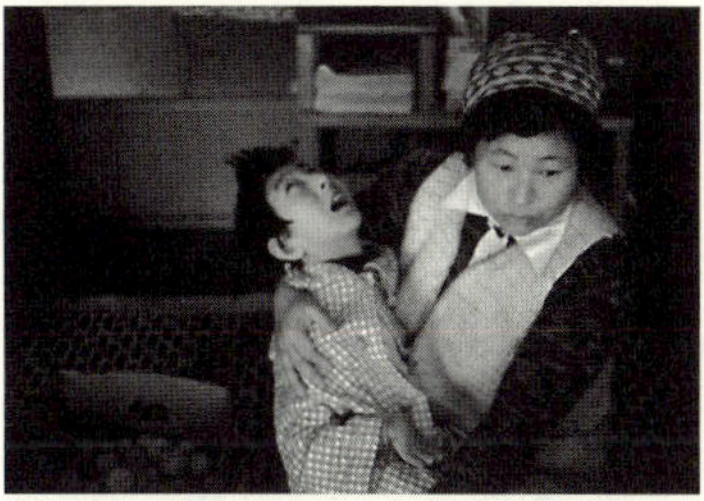

図 3-4　抱かれているのは，水俣病胎児性患者の上村智子さん（1971 年撮影，当時 16 歳）で，抱いているのは母親の良子さん（撮影：浜口タカシ）．

　最初の公害対策立法は、五八年一一月制定された公共用水の水質の保全に関する法律と工場排水などの規制に関する法律であったが、これ以降、六二年のばい煙規制法などの対策がとられるたびに、その法律は、つねに産業発展を優先すべきとの意見をもつ財界と通産省の強い要請を受け容れて、「生活環境の保全と産業の健全な発展との調和を図る」（ばい煙規制法）というような、「経済との調和条項」を盛り込んだものとなっていた。産業界では、「企業は今までも公害対策にはかなりカネを使ってきた。本来公害対策は生産性向上には結びつかないのだから企業が消極的になるのは当然だ」と公然と語られていた（前掲『日本政治史 4』）。

図 **3-5**　四日市公害．大気汚染が原因の気管支ぜんそく患者は，1967 年に 6 社を相手取り訴訟，1972 年に勝訴した(前掲『日本の歴史㉑ 国際国家への出発』)．

この間、遅れる政府の対応に対して、自治体レベルで条例を制定して環境保全、公害対策を実施する動きが強まった。四日市や川崎におけるぜんそく患者の増加、洞海湾《どうかいわん》や田子《たご》の浦《うら》水域の工場排水による汚泥などの被害が増加したことが、深刻な生活環境破壊となったからである。神通川《じんづうがわ》流域に発生したイタイイタイ病を含めて、水俣病、第二水俣病、四日市ぜんそくは四大公害事件といわれたが、問題はそれだけではなく各地に発生していた。

こうしたなかで、公害反対の声をあげた市民運動が、六三年から六四年にかけて静岡県三島・沼津地域のコンビナート建設反対を貫き、建設断念に追い込んだことは、その後の公害反対運動に大きな力となった。市民レベルの組織は、被害を受けている住民たちの共通の利益を代表するという意味で、この問題の解決に重要な役割を果たす運動形態となった。既存政党による組織的な活動は、たとえば総評への依存度が高い社会党が、企業城下町では労働組合との関係で有効な活動を展開し得なかったこと、労働運動や選挙に関する革新政党間の主導権争いが運動に分裂を持ち込んだこと、などの問題点をもっていたからでもあった。

公害国会

日本で市民運動が成果をあげはじめた頃、アメリカでは、レイチェル・カーソンが『沈黙の春』(一九六二年刊、邦訳の最初のタイトルは『生と死の妙薬』一九六四年)を書いて人類の活動が環境に与える悪影響の深刻さを訴えていた。ケネディ政権は、ただちに調査を命じ、六三年には環境破壊の危険が指摘された農薬DDTを全面的に禁止した。

一方、日本政府は、六七年に公害対策基本法を制定して、それまでの関係法の体系化を図った。しかし、この時にも「経済との調和条項」を残した。佐藤内閣が、経済優先であり、財界寄りであるという批判を受けたのは、そのためであった。

その後、既存の組織に依存しない運動は、東京大学で宇《う》井純《いじゅん》が開いた公開自主講座「公害原論」などの活動も含めて、各地の反対運動を活性化させた。それは、都市部の自動車排気ガスによる大気汚染、光化学スモッグの発生、ゴミ処理問題などの新しい被害を生みながら、公害問題がさらに大きくなり、被害が広がったからでもあった。

高まる対策を求める声にようやく重い腰を上げることになった佐藤内閣は、七〇年一一月から開かれた臨時国会(公害国会)において、中央公害対策本部がまとめた公害関係法一四件を提出した。それは、公害対策基本法改正をはじめ七〇年代に向けての環境行政の基本的な骨格を作るものであった。この基本法は、経済との調和条項を削除したという意味で、公害行政史上画期的なものであった。また七一年には環境庁が設置されて、ようやく本格的な環境行政の体制が整うことになった。

政府が公害問題を専門的に扱う窓口を行政機構として初めて設置したのは、六一年四月のことであった。厚生省は健康被害という観点から、環境衛生局環境衛生課に公害係を新設した。しかしこの時、担当官は、兼務の課長補佐が一人いただけであり、環境衛生課は理容・美容業界の監督指導などを所管する部署であった。そこに間借りするようにして、たった一人ではじまった公害・環境行政は、それからわずか一〇年で一つの庁を必要とするほどになった。それほど急速に被害が拡大し、行政的な対応が求められていたこと、それにもかかわらず、行政の反応が立ち後れていたことの深刻さが、ここには示されていた。

大学紛争

環境問題に関する市民レベルの運動が高揚していた六八〜六九年には、各地の大学で紛争が多発していた。それまでも学生活動家が実力を行使してストライキを行い、「大衆団交」が行われ、警官隊が導入されるなどの事件は起きていた。それは当初は、七〇年安保闘争のはしりと見られていた。マスプロ大学の欠陥や進学競争からの解放感、学費負担の増大と学生生活の貧困などに原因を見出した議論もあった。しかし、六八年の状況はそのような「解説」を許さないほどに進展した。この年、全国の国公私立大学八二〇校余のうち一一六校で紛争が発生し、六五校が解決を翌年に持ち越した(『朝日年鑑』一九六九年版)。

とくに医学部の学生処分問題に端を発した東京大学では、処分取消しの要求から医学部の封建性を批判する闘争へ、さらに全学部・大学院をまきこんだ全学ストライキに発展した。また、日本大学では、大学理事会当局の脱税問題を直接のきっかけとして学園民主化闘争に発展した。筑波学園都市への移転問題で学内が対立していた東京教育大学では、解決のめどのつかない長期の紛争となっていた。

長期にわたるストライキとバリケードによる大学封鎖によって大学の機能は麻痺し、大衆団交や警察機動隊導入などの事件が連日、報道されていた。大学に対して実力で「ノン」を突きつけた学生たちは、複数のセクトに分裂しており、「大学解体」を叫ぶ全共闘運動が、三派全学連(社学同、社青同解放派、中核派)を母体として一部のノンセクト学生を巻き込んで拡大し、他方で「大学の民主化」を求める共産党系の民主青年同盟を基盤とする、もう一つの全学連とが対立していた。この年の秋以降には、両者の対立はヘルメットにゲバ棒・投石による暴力的な衝突にエスカレートした。

それぞれの大学で紛争のきっかけとなった問題は、学費の値上げであったり、管理上の問題であったりと多様であったが(表3－5参照)、それらの紛争に立ち上がった学生たちが全国的な連帯を強め、個々の大学での問題解決を難しくした。ちょうどフランス・パリでは、五月に学生たちの反乱が起きていた。それと呼応するように、春から秋にかけて紛争状態の大学は数を増し、解決のめどのつかない状況となった。

一〇月、佐藤首相は、閣議で「大学紛争は文教行政の範囲内で処理すべきではなく、政治全般の立場から解決すべきだ」と発言し、同じ日に開かれた大学問題閣僚懇談会では、「秩序無視は許せない。なんらかの手を打て」との強硬論も出たと伝えられている。しかし、この時には、灘尾弘吉文相はそれまでの基本姿勢であった「大学当局の自主的な解決への努力に期待す

表 3-5　1968 年に紛争が起きた主な大学（順不同）

大学名	紛争の内容と問題
中央大学	学費値上げ反対
法政大学	警官侵入事件
関西学院大学	学費値上げ反対
東洋大学	校舎移転
東京医科歯科大学	研修医制反対
駒沢大学	処分撤回，学園民主化
早稲田大学	総長選挙方法の改善要求
芝浦工業大学	学費値上げ反対
京都大学	登録医制反対，学内強制捜査
秋田大学	教育学部の課程の名称変更
同志社大学	学長選挙民主化
福島大学	学長退陣要求
九州大学	米軍機墜落と引き渡し
慶応大学	米軍資金借入の責任追及
上智大学	警官導入
新潟大学	統合移転問題
関東学院大学	学園民主化
東京外国語大学	新寮建設問題
大阪大学	処分撤回要求
神戸大学	学寮の負担区分撤廃
神奈川大学	学園民主化
花園大学	本館改築，学生会館建設問題
滋賀大学	教官不足問題
金沢大学	学寮問題
広島大学	奨学金打ち切り，登録医制
大分大学	学生寮，学生会館の管理運営
鹿児島大学	産学協同反対
東北学院大学	学費値上げ問題
富山大学	教官不足と人事反対
立正大学	処分撤回，学費値上げ反対

資料：『朝日年鑑』1969 年版より作成

る」との対応を変えなかった(『朝日年鑑』一九六九年版)。

学生たちの反乱は、学内にとどまらず、国際反戦デーの一〇月二一日には三派全学連を中心に新宿で大規模な騒乱事件を引き起こした。大学紛争によって盛り上がった学生運動の勢いは、学園紛争の域を越え、街頭に戦線を広げていた。

国立大学の入試中止

このような事態に対して、政府は一二月初めから新任の坂田道太《みちた》文部大臣が、次年度入学試験の実施問題を提起して、大学当局に事態の収拾を急ぐように圧力をかけ始めた。一二月二三日の東京大学、東京教育大学、東京外国語大学との協議で文部省は、①正常な授業再開の見通しがつかぬ限り入試は実施すべきでない、②入試を実施するか中止するかの決定は年内に下し、六九年に持ち越さないとの見解を示した。

タイムリミットを設定された大学側では、東京教育大学は四学部の入試中止を、東京外国語大学は入試実施を決定した。最も注目されていた東京大学は、一月一五日までに紛争を収拾して入試中止を回避する道を模索した。六九年一月一八日に東京大学は安田講堂の封鎖を排除するために八五〇〇人の機動隊を導入した。講堂は廃墟と化した。しかし、入学試験は大学側の強い要望にもかかわらず、文部大臣との意見不一致を理由に中止された。文部省が、大学側の管理能力不足に抱いていた不満が吹き出たようであった。

その後六九年には、京都大学で学生間の衝突事件が発生したり、関西学院大学をはじめとし

図 3-6 安田講堂の攻防（1969年1月18日）（前掲『日本の歴史㉑ 国際国家への出発』）

て機動隊に守られた入学試験が行われたが、大学紛争は沈静化に向かった。八月には大学臨時措置法が施行され、文部省による管理が強められた。紛争の収拾過程で各大学では大学運営の民主化や、学生の処遇に関する改善などの方策がそれぞれ取り組まれたことは事実であった。しかし、紛争の収拾と改革案の実施によって解決されたものが何であるかは、必ずしも明確ではなかった。

大学に対する機動隊の出動は、六八年には三一回、逮捕者五五四七人、六九年上期一六二回、下期七七六回、逮捕学生一万六二八人に達した。機動隊導入は常態化した。学生たちの暴力的な行動に対して同情を寄せる人々も少なくなかったが、これに対する反発も強く、全般的には過激化する学生運動から距離を置くようになっていった。七〇年安保問題を視野に入れた学生運動の指導者たちの思惑とは反対に、学生のエネルギーは急速に衰え、社会党などの革新政党に対する支持基盤を失わせ、六九年総選挙での社会党の惨敗の基盤を作ったともいえる経緯であった。

既成の秩序への異議申し立てという意味で、全共闘など新左翼の活動には、三里塚闘争など重要な問題提起が含まれていた。しかし、その性急な運動と手段を選ばない行動に対して、支持は集まらなかった。とくに七〇年代に入って、その一部が企業爆破事件を起こし、あるいは内ゲバが頻発するようになると、それは完全に運動の基盤を失い、自壊した。

成長政策の見直し

成長政策のひずみが国民の関心事になっていることに、佐藤内閣が無関心であったわけではなかった。むしろ、池田内閣の所得倍増計画を批判して登場した佐藤内閣は、その課題を先取りするように認識していた。そして、その実現のために、「中期経済計画」(六四～六八年度)を六六年一月には破棄し、五月に経済審議会に「新長期経済計画」(六七～七一年度)の作成を諮問した。九月に経済審議会がまとめた新長期経済計画の「基本的な考え方」は次のようなものであった(『朝日年鑑』一九六七年版)。

第一に、高度成長がもたらした弊害に対する反省から出発し、「成長過程の問題点を解決することが昭和四〇年代に課された責務」としたこと、第二に、高度成長の弊害として、①消費者物価高、②企業経営の弱体化、③都市の過密化対策の立遅れ、などを指摘したことである。その上で、計画は「経済効率化による先進国型経済への改編」を目標とした。それは、効率化によって企業体質を強化し、豊かな暮らしを実現するために不可欠である消費財の供給を潤沢にして物価高を解決しようという狙いをもっていた。そして「経済の効率化」のために、①企業の体質改善、②低生産部門の近代化、③金融体制の再検討、④労働力の流動化、⑤行財政の能率化、の五つを重要な政策課題として指摘した。

それは、新長期経済計画において、本来、三本の柱とされていた、①物価の安定、②社会開発、③経済の効率化のうち、③を最優先するものだった。この計画は、六七年三月の閣議で正式決定されたが、①や②への具体的な対策を欠いていた。

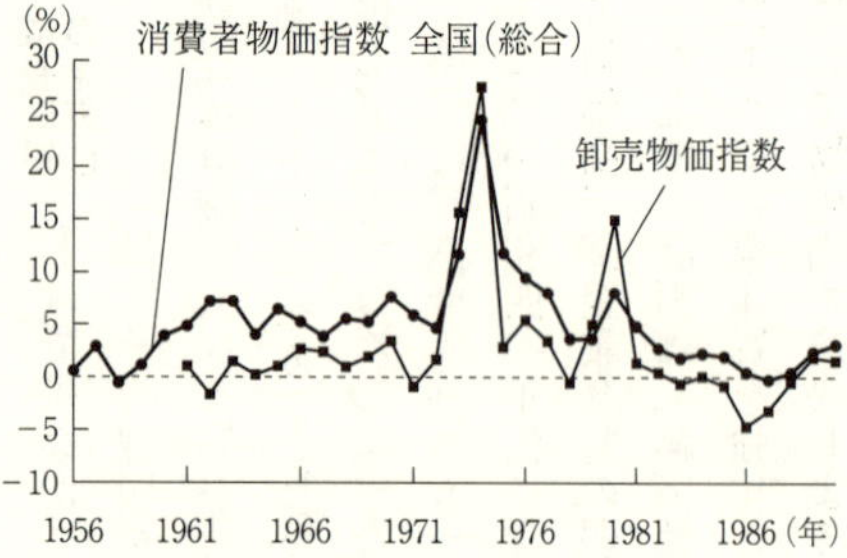

図 **3-7** 物価の変動(対前年上昇率)

池田内閣期から物価上昇率が高いことが問題となっていた。石油危機による狂乱物価の時期を除けば、六〇年代後半の佐藤内閣期の消費者物価上昇率は高く、引き続き五%程度の上昇率を記録していた。それは生活の基礎的な条件の安定を脅かし、実質的な所得増加を小さくしていた。

社会開発は、広い意味での福祉社会への志向をもつものであったが、佐藤内閣が在任中に提示した政策は乏しかった。六一年に国民皆保険・皆年金が達成されたのち、潜在的な医療需要が掘り起こされて医療費の増加に注目が集まっていた。六二年には社会保障制度審議会答申によって社会保障の総合調整の必要性が勧告されたにもかかわらず、この問題は放置され続けた。

そのため、七一年に医師会は診療報酬の見直しを要求して「保険医総辞退」という強硬策をとった。

社会保障制度の改善を通した福祉社会への取組みの遅れは、佐藤内閣では際立っていた。安定成長への転換によって、より豊かな社会を目指すとしていた内閣の基本的な目標は、選挙の公約以上のものではなかった。本来なら経済成長が続き、税収が伸びて財源に余裕があったから、社会保障の充実には好機のはずであった。しかし、佐藤内閣は、そうした面で積極的な姿勢を見せず、それゆえに成果に乏しかった。

池田内閣の懸案解決に最初の一年で精力的に取り組み、強硬な議会運営で決着を付けた佐藤内閣は、二年目以降、積極的な政策展開を欠いた。それは、黒い霧問題以降の保守基盤の退潮を背景にしながら、沖縄返還を唯一の政策課題として、党内の融和を優先して争点となる問題を避け、派閥間の均衡人事によって政権の長期安定を図ったからであった。実兄の岸が安保改定を最大の課題として経済政策を棚上げにしたのと同じような経過であった。そのためであるかどうかはともかく、政権末期の七一年まで日本経済は長期の好況を謳歌していた。

過疎のなかの農村

高度成長による経済構造の変化は、国民の「食」を支える農業のあり方、農家の経営を大きく変えた。農業は就業構造でみても、国内生産でみても、その占める地位を大きく低下させた。

就業構造についてみると、五〇年から七〇年にかけて産業別就業人口は、総数では三五六三万人から五二二四万人に増加した。それは主として製造業の増加と、卸小売業などの第三次産業の就業人口が増加したことによるものであった。この間に、第一次産業に従事する人員は一七二一万人から、一〇〇八万人と四割以上も減少した。第一次産業率は、五〇年には男が五人に二人、女が五人に三人だったが、七〇年には男が七人に一人、女が四人に一人となった。

このような変化は、高度成長の過程で農家労働力の農外への流出が続いたからであった。その動きは、六五年頃までは離村による転出が多かったが、それ以後になると地方都市などでも就業機会が増加したためか、過半が農家から「通勤」するものとなり、農家の兼業化が進んだ。しかも、若年層を中心とした急速な流出の結果、農業就業人口の高齢化、女性化が進み、「三ちゃん農業」と呼ばれる状態が出現した(暉峻衆三『日本の農業一五〇年』)。

変化は、農業生産にも多面的に及んだ。米の消費量は国民一人当たりでは六二年をピークに減少に向かい、生産量も六三年がピークとなった。これに代わって、畜産物、果実、野菜やそれらの加工食品に対する需要が増加した。また、人口流出に対応するように六〇年前後の一〇年間に小型トラクターなどの農業機械の普及率が高まり、農業生産の機械化が進展した。その結果、一〇アール当たりの労働時間は、五〇年代前半の年間二〇〇時間から六五年頃には一五〇時間、七〇年頃には一〇〇時間へと減少し、単位労働時間当たりの生産性はそれだけ上昇した。土地生産性は、肥料の利用増加によっても緩やかに上昇した。これらが兼業化を可能にする条件であり、同時に結果でもあった。

このような農業のあり方の変化に対応して、政府は五九年に農林漁業基本問題調査会を設置して検討した上で、六一年に農業基本法を制定した。その「理念は、農産物価格はできるだけ市場での需給均衡に委ねつつ、一方では需要増に対応した「選択的拡大」(他方で選択的縮小を含む)によって農業生産の増進を図り、他方では農業の「構造改善」を図ることによって、他産業との所得均衡を実現しうる、より生産性の高い「自立経営」を育成し、それが中心的担い手となって日本農業が産業的に自立することをめざしたものだった」(同前)。

市場の需給均衡に委ねるとされたものの、主要作物である米については食糧管理制度による買上げが維持された。農民票に依存する自民党政権のもとで買上げ価格は、六〇年代に平均九・五%の上昇を記録した。その反面で、消費者米価は物価対策の観点から抑制されたから、食糧管理特別会計の赤字は、六〇年の二八一億円から七〇年には三六〇八億円となった。

このような価格支持政策による所得の保証は、都市部に遅れるとはいえ、耐久消費財の普及による生活の近代化をもたらす条件の一つとなった。六四年には一五%弱で都市の六六%と大きく離れていた農村における電気冷蔵庫の普及率は、七〇年には八三%とほとんど遜色なくなった。洗濯機も四七%(農村部六四年、都市部同年は七六%)から九〇%となった。七〇年代にはどの品目を見ても都市と農村の普及率に大きな差はなくなった。

もちろん、このような変化は農業の生産性の上昇と所得増加だけによるものではなかった。時間当たりの賃金額は、六七年のピーク時でも大企業の三分の二程度の水準にすぎなかった。これ以降、米の過剰が顕在化すると米価上昇が相対的には抑制され、時間当たりの都市と農村の所得格差はむしろ増大した。したがって、農家の所得上昇は、農業所得の増加だけではなく、兼業収入の増加によるものであった。そして、兼業化が進むとともに、六〇年代終わりには「貧農層」は「基本的に消失」した(同前)。多くの農村にも豊かさの恩恵は訪れた。しかし、それは農業がもたらす豊かさではなかった。

日本の貿易が黒字基調となり、外貨の制約から自由になった六七年は、農業にとっても変わり目の年であった。米の需給関係が逆転し、需給調整のために休耕田や転作が求められるようになったからであった。

問題はそれだけではなかった。山村などの兼業の機会の少ない地域では、若年者の転出が進み、高齢化した世帯だけがわずかに残る、過疎の問題も発生していた。そうした地域では、十分な社会的なサービスも受けがたいなど、生活環境は悪化する一方となった。長期化した高成長経済はそうした問題も生み出し、そして置き去りにするようにして、ひたすら成長の軌道を走り続けていた。

第4章　狂乱物価と金権政治――成長の終焉

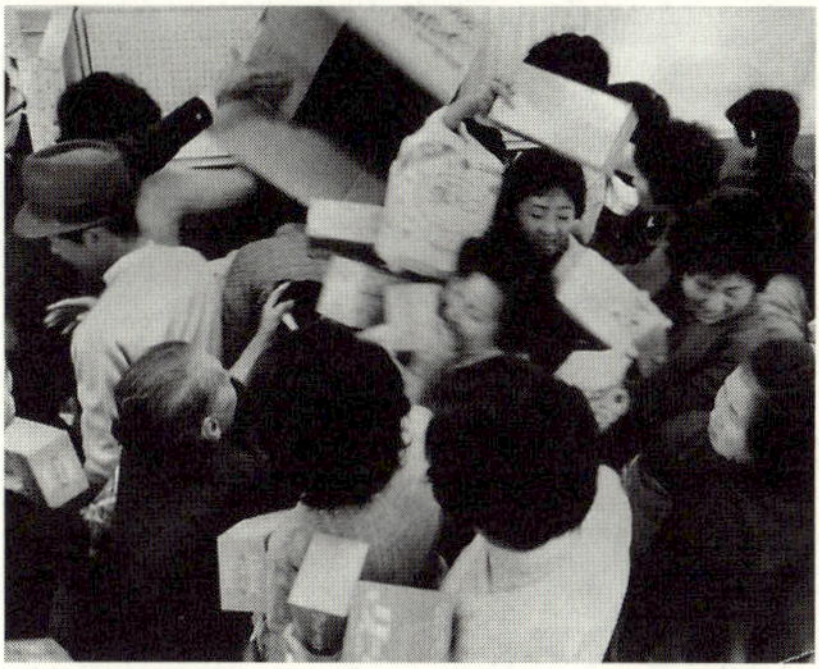

第1次石油ショックによる買い占め騒動
(1973年11月, © 毎日新聞社)

1　二つのニクソン・ショック

ニクソン訪中

一九七〇年代に入って、世界は激動に見舞われた。国際政治・経済両面でアメリカの圧倒的な優位が崩れたからであった。

変化を象徴した最初のニュースは、七一年七月、ヘンリー・キッシンジャー大統領特別補佐官が「ニクソン大統領は中国を訪問することになった」と発表したことであった。それは、アメリカがそれまでの中国封じこめ、中国孤立化政策を改めることを意味した。ベトナム和平で行き詰まっていた局面を打開する狙いも込めたアメリカの政策展開は、中国(中華人民共和国)を国際政治の表舞台に復帰させ、世界を米ソ中の三極構造に変えていった。

このアメリカの政策転換は、国際社会で台湾の中華民国国民政府ではなく、中国を承認している国が増加していたこと(七一年九月現在、国連加盟国のなかで中華人民共和国の承認国六五に対し、台湾の承認国五四)を反映していた。こうした状況のなかで、一〇月二五日の国連総会は、中華人民共和国の国連における合法的権利を回復し、台湾の国民政府代表を国連から追放するというアルバニア決議案を賛成七六、反対三五という圧倒的多数で可決した。中国代表権問題について、中華人民共和国政府の「中国は一つであり、国連に中華人民共和国と国府批判的な立場を堅持することを明らかにした。

という二つの中国の代表が同席するようなことは絶対に認めない」という主張を、国連は全面的に受け容れた（『朝日年鑑』一九七二年版）。国連総会に出席した喬冠華中国首席代表は、国連における中小国の利益を代表するという立場を打ち出し、米ソという超大国の覇権に対する批判的な立場を堅持することを明らかにした。

七二年二月にニクソン大統領の訪中が実現し、米中首脳会談の成果が上海コミュニケとして発表され、国際政治構造の転換が明確にされた。これによってベトナム和平交渉が進展を見た（第3章1参照）。ニクソン大統領は、さらに五月にソ連を訪問し、均衡を通じての安全保障を目指して、米ソ間で戦略兵器制限条約などに調印した。米ソは超大国としての存在感を示したが、多極化する国際政治体制の流れはさらに進んだ。

一一月にはヘルシンキでアメリカ、カナダも加わって三四カ国代表が参加した欧州安全保障協力会議準備会議が開かれた。ソ連と西ドイツのウィリー・ブラント政権が積み重ねてきた関係安定化の努力の成果であった。NATOとワルシャワ条約機構との間で相互兵力削減交渉への道も開かれた。また、ヨーロッパではイギリスの加盟によって拡大ECが生まれ、経済統合を目指すヨーロッパ諸国の地位も向上していった。

こうして国際社会は紛争をもたらす対立の構造を解消する、デタントの方向に動き出した。しかし、その一方で、このころから北アイルランド紛争や中東でのパレスチナ・ゲリラの活動などの国際的なテロ活動が目立つようになり、ミュンヘン・オリンピックでは、イスラエル選手村が襲撃されるなどの悲劇が起きた。新しい火種が育っていた。

訪中発表から一カ月後の七一年八月一五日、ニクソン大統領は新経済政策を発表した。これを契機に、六〇年代末頃から不安を抱えていた国際通貨体制は大きく再編された。

ドル防衛政策

ベトナム戦争の泥沼のなかで疲弊したアメリカの対外収支赤字が増加し、ドルに対する信認が失われつつあった。アメリカ経済の実態がその基盤にあった。六九年に二九億ドルの赤字であったアメリカの基礎収支は、七一年に入ってから短期資金の流失が激しくなり、七一年第2四半期には年換算で一二六億ドルに急増した。ドル離れした資金は五月にはマルクの投機に向かい、西ドイツは変動相場制に移行した。

ドル防衛政策は、このような事態に対応したものであった。ニクソン大統領の新経済政策は、インフレ抑制、景気刺激、ドル防衛の三つを政策目標としていた。このうちとくに対外的に影響が大きかったのがドル防衛策であった。それは、①ドルの金やその他の準備資産との交換停止、②輸入抑制のための課徴金の新設、を内容とした。ドル・金交換の停止はIMF体制を、輸入課徴金はGATT体制をそれぞれ基盤から崩すものであった。金交換の停止は、IMF加盟国が通貨安定のためにドルを通して金にリンクされていた固定相場制の基盤を奪い、加盟国間の為替相場変動の歯止めをなくした。こうして戦後の国際経済体制を支えた二つの柱がともに危機に瀕した。

混乱を怖れた西欧諸国は、一六日に外国為替市場を閉鎖し、ロンドン金市場も閉鎖された。EC蔵相会議は一九日に対策を協議したがまとまらず、二三日以降、変動相場制へと移行していった。その後、主要国の蔵相会議などが頻繁に開かれて打開の道を探ったが、一二月に開かれた先進一〇カ国蔵相会議は、多国間の通貨調整に合意し、主要国は為替変動幅を拡大した形での固定為替相場制に復帰した（スミソニアン協定）。アメリカは、輸入課徴金を撤廃し、各国は自国通貨をドルに対して平均一二％切り上げることになった。しかし、この合意による安定は一時的なものであった。それから数年の動揺と試行錯誤を経て、国際通貨体制は変動相場制を基礎に再編成された。七三年には円は一ドル＝二六〇円となり、以後、傾向的には円高が進行することになった。

佐藤内閣の対中国政策

ニクソン訪中の発表（七一年七月）は、沖縄返還協定の調印（七一年六月、後述）を実現して成功の余韻に浸っていた佐藤内閣の外交方針を根本的に否定するものであった。六九年一一月のワシントンにおける日米首脳会談で、佐藤首相は「韓国の安全は日本自身の安全にとって緊要、……台湾地域における平和と安全の維持も、日本の安全にとってきわめて重要な要素である」と述べて中国の激しい非難を浴び、日中関係は冷え込んでいた。佐藤首相から見れば、最大の政治課題とした沖縄返還のためにアメリカの中国封じ込め政策の枠内で中国政策を選択し続けてきたにもかかわらず、はしごを外されたようなものであった。

佐藤内閣は、「ニクソン訪中歓迎」という官房長官談話を発表し、その後も「歓迎」一点張りで押し通したが、よりどころを失った混乱は否めなかった。

頭越しに行われた米中接近に加えて、同年秋の国連総会では、アメリカとともに共同提案国になって台湾の国連議席の擁護を図ったが否決された。二つの中国を事実上認める佐藤首相の中国政策は破綻し、日本政府の威信を失墜させた。しかも、佐藤首相は、日中国交回復交渉について中国側が提示した三原則(後述)に対して、台湾との関係を顧慮して積極的姿勢を示さなかった。そのため、日中国交回復交渉は政権交替以外には打開する道はなかった。

変動相場制への移行

長く続いた高度経済成長による日本経済の繁栄ぶりは、七〇年、大阪千里山丘陵で開かれた、アジア初の万国博覧会の賑わいに象徴されていた。「人類の進歩と調和」をテーマとする祭典の陰で、高度成長の結果として生み出された問題も深刻さを増していた。公害問題が各地で起き、スモン、サリドマイドなどの薬害が発生していた。さらに、自動車などによる大気汚染の進行、廃棄物処理問題の深刻化、合成洗剤の普及に伴う川や湖の汚染など、都市における住環境の悪化も進んだ。内政面での問題が山積するなかで、対外的にもあらたな問題が発生した。

六〇年代後半に貿易収支の黒字が継続するなかで、一ドル＝三六〇円という円レートの切上げを求める圧力がアメリカから強まっていた。国内においても経済同友会などで円切上げの是非を論議し始めていた。大蔵省内でも六九年には林大造調査部次長が、省内での極秘作業（アルファ作業）に基づいて「円相場を切り上げるのが適当と提案」したが、同省幹部はこれを認めなかったという経緯もあった。だから、円切上げの可能性は視野に入っていたはずであった。

しかし、七一年七月に残存輸入制限品目の削減、自由化拡大など八項目の円対策を公表して円切上げを回避しようとした政府は、八月のドル防衛政策発表後、事態の急展開についていけなかった。対応は後手に回り、ドル防衛措置によるショックの影響は拡大した。八月後半、ヨーロッパ諸国が外国為替市場を閉鎖している間も、日本は東京外為市場を開き続けた。さらに変動相場制のもとで市場が再開した後も、日本は固定相場を維持するために日本銀行が市場介入を続けた。この対応には大蔵省内にも異論があったが、

図 4-1　岡本太郎制作の世界万国博覧会のシンボル「太陽の塔」（前掲『図説 日本の歴史 18 戦後日本の再出発』）

国際金融の専門家に押し切られた形での措置であった(久保田晃・桐村英一郎『昭和経済六〇年』)。しかし、この判断は誤っていた。日本は大量のドルを売り浴びた。その結果、二八日に日本も変動相場制に移行するまでの、一六日から二七日の間に東京外為市場で外為銀行が売り越したドルの総額は約三九億ドルの巨額となった。投機的なドル売りにさらされたのである。

影響はそれだけではなかった。円高による不況を懸念して株式市場は暴落し、不慣れな変動相場制の下で貿易取引が円滑さを欠くようになった。既述のように年末のスミソニアン協定で円のドルに対する基準レートは、一六・八八%の切上げとなり、一ドルは三〇八円となった。日本の主張を超えた大幅な切上げであった。この間、造船、海運、産業機械などでは、円切上げによって生じる為替差損や輸出見通しの深刻さが問題となった。円高不況が到来すると考えられた。需給ギャップによる過剰設備発生が予測され、景気の牽引車であった企業の設備投資意欲は沈滞した。

2　沖縄返還

沖縄返還問題　二つのニクソン・ショックに伴う日本の対応のまずさは、この時期に日米間の懸案であった沖縄返還交渉と繊維交渉が、とりわけ後者において行き詰まっていたためであった。

沖縄返還は、佐藤首相が何をおいても実現したい政策課題であった。そのため就任当初の六五年一月の佐藤・ジョンソン会談において、「極東の安全保障のために琉球のアメリカ軍事施設の重要性を認める」という前提に基づいて、佐藤首相は「沖縄の施政権ができるだけ早い機会に日本に返還される」よう要望した。しかし、これに対し、ジョンソン大統領は「施政権返還に対する日本政府および国民の願望に理解を示し、極東における自由世界の安全保障上の利益がこの希望を許すことを待望している」と回答するにとどまった。沖縄返還をただちに実現することは困難であった。

極東における安全保障の問題が解決されるためには、中国問題、ベトナム戦争、そして日米安全保障条約の延長問題などについての条件整備が必要であった。

国内では返還の条件として、沖縄に配備されている核兵器の問題に関心が集まっていた。六六年九月の朝日新聞の世論調査では、沖縄は当然返還されるべきであるとの回答が八五％であったが、そのうち、「核つき返還」には反対が圧倒的に多く、基地使用についても「本土並み」の返還を求める声が過半を超えていた（『朝日年鑑』一九六八年版）。

国内の関心は、原子力潜水艦などの日本への入港問題と関連していた。核を装備していると考えられている艦船の入港は、日本の非核政策に違反するものだったからであった。佐世保や横須賀などで寄港反対の市民運動が展開されていた。

このような国民の声にもかかわらず、佐藤首相は、復帰の早期実現を果たすため、アメリカ軍による基地使用や核配備に関して態度を明確にしなかった。しかし、交渉が前進しないなかで、下田武三駐米大使が、「核つき返還」を示唆する発言をして問題となった。六八年二月の衆議院予算委員会で佐藤首相は、沖縄の基地について、①戦争抑止力として日本の安全に役立っている、②非核三原則を沖縄に適用することは簡単ではなく、前提とすると返還が困難になるかも知れない、と発言し、「核つき返還」に含みを残した。これに対して、同年秋の総裁選挙で立候補した前尾《まえお》繁三郎《しげさぶろう》、三木武夫はともに「核抜き、本土並み」を主張するなど、野党だけでなく与党内にも「核つき返還」への反対が強まった。

状況が大きく動いたのは、六八年のアメリカ大統領選挙で沖縄返還に積極姿勢を示していたリチャード・ニクソンが当選してからであった。六九年三月、政府は対米交渉において、「核抜き」で臨む方針を明確化した。これに沿って一一月にワシントンで日米首脳会談が開かれた。沖縄返還交渉に反対する「過激派学生」の阻止闘争を封じるため、首相官邸から自衛隊のヘリで羽田に移動するという異例の出発風景であった。この会談で、日米両国は、七二年までに沖縄を返還することに合意した。

会談後に発表された共同コミュニケでは、アメリカ国内のタカ派や韓国などの要求にも配慮して、「沖縄の施政権返還は、日本をふくむ極東の防衛のために米国が負っている国際義務の効果的な遂行の妨げとなるようなものでないとの見解」を日本側から積極的に表明した上で、懸案の核問題については、次のような合意が成立した。「総理大臣は核兵器に対する日本国民の特殊な感情およびこれを背景とする日本政府の核政策について詳細に説明した。これに対し、ニクソン大統領は、深い理解を示し、日米安保条約の事前協議制度に関する米国政府の立場を害することなく、沖縄の返還を、右日本政府の政策に背馳《はいち》しないよう実施する旨を総理大臣に約束した」(『朝日年鑑』一九七〇年版。傍点は引用者)。

問題は、この共同声明に書き込まれた傍点部の文言であった。これについては、アレクシス・ジョンソン国務次官は、「要するにアメリカは沖縄に核兵器を貯蔵する権利を沖縄返還の際、七二年に行使しないということである。ただし……必要と認めれば日本と協議を行うというアメリカの権利は慎重に留保しており……日本の答えがいかなる場合においても、常にノーであることを前提としているわけではない」と説明していた(新崎盛暉『沖縄現代史』)。しかも、これはアメリカ側の一方的解釈で

図 **4-2** 1969年11月に那覇市で催された返還協定調印抗議のための県民総決起大会(前掲『図説 日本の歴史18 戦後日本の再出発』)

はなかった。佐藤首相の密使であった若泉敬は、「アメリカは常に日本がイエスと言う保証を得たがっていたので、キッシンジャー米大統領特別補佐官と協議して核持ち込みに関する秘密合意議事録を作成し、佐藤首相とニクソン大統領がこれに署名した」と証言している(同前)。核問題には疑念を挟むに十分な余地があった。

七〇年安保問題

七二年までの沖縄返還にめどをつけた佐藤首相は、その外交的成果を掲げて七〇年安保問題を乗り切ることになった。

佐藤首相は、日米安保条約の一〇年という固定期限が切れる七〇年に向けて、繰り返し日米安保条約の長期堅持を強調していた。そして、沖縄返還も、こうした「『日米安保堅持』を前提に実現すべきものだ」として、返還交渉直後の臨時国会では「会談のもうひとつの重要な成果は、一九七〇年以降も日米安全保障条約を堅持することを相互に確認し合ったことだ」と述べ、佐藤内閣の基本姿勢を示した(『朝日年鑑』一九七〇年版)。

七〇年安保問題に関しては、六八年ころから議論が始まっていた。具体的には、その年六月に自民党が安保問題委員会委員長見解として「自動延長」を明らかにしていた。これより先、一月には公明党が「完全中立国連による安全保障」の基本路線を、続いて日本共産党は「日本民族は自国の主権と独立を守る固有の自衛権を持つ」として「武装中立」を含みとする安全保障政策を発表していた。社会党は「安保破棄非武装中立」、民社党は「駐留なき安保条約へ改定」と各党の意見は多様であった。

意見が分かれるなかで、六九年末の総選挙で自民党は三〇〇議席(選挙後、無所属からの入党一二を含む)を獲得し、翌年初めの党大会で佐藤首相は総裁四選を果たした。国政のレベルでは、総選挙の結果によって「自動延長」は既定事実化した。大きく議席を失った社会党は安保問題に関しては、「七〇年代闘争という長期取組みの姿勢に転換した」(『朝日年鑑』一九七一年版)。それでも、六月一四日には「新左翼を中心とする反安保集会では三三都道府県一一六〇カ所、五三万人の動員をみせ、また六・一三の総評中心の反安保集会でも、国鉄労組など二三単産の時限ストのほか、四六都道府県で一三四五カ所、七七万四〇〇〇人が参加し、六〇年安保闘争の五〇万五〇〇〇人を上回って、静かな盛上りをみせた」(同前)。

政府・自民党首脳が「予想以上に平穏に七〇年の危機を乗り越えた」と自ら評価したほどの経過は、沖縄返還合意を掲げて総選挙に勝利したことに加えて、国会の閉会中にあたるように日程を調整して野党に追及の場を与えずに自動延長に持ち込む、という政府・自民党の戦略が功を奏したものであった。

沖縄返還の実現

七一年六月一七日、沖縄返還協定が調印された。その直前になってアメリカ政府は「ニクソン大統領は日程の都合がつかなくなったために出席は見合わせる」と通告してきた(笹子勝哉『政治資金』)。外交儀礼に反する突然の欠席であった。

同年末には沖縄返還協定と関連国内法が成立し、沖縄の本土復帰は秒読み段階となった。年が明けて七二年一月、サンクレメンテで日米首脳会談が開かれ、五月一五日を返還の日とすることが決定した。同時に、①沖縄にある核兵器を撤去したとのアメリカ政府の確認を返還時に行う、②沖縄の基地の縮小整理については安保条約の目的に沿いつつ行うことを考慮すること、も合意された（『朝日年鑑』一九七三年版）。

これによって関心の的となっていた「核抜き」の保証方式が明らかになった。沖縄現地では、基地査察などを求める声もあったが、これは拒否されたため、五月一五日、東京と那覇の二会場で同時に開かれた返還を祝う記念式典を、沖縄では不安をぬぐい得ない状況で迎えた。

返還実現に際して、経済基盤の立ち後れを解消するために新たに沖縄振興開発特別措置法が制定された。沖縄県は、同法に基づいて設置された沖縄振興開発審議会に対して、「基地も公害もない豊かな沖縄県建設」を基調とした知事案を提出して検討を求めた。それは「①軍事基地を撤去させ、基地依存経済から自立経済への移行を実現する、②自然環境の保全を優先し、新規企業の導入については公害発生の予想される企業は導入しない原則のもとに県民の厳密な選択により実施する、③一〇年後の県民所得を「六大都市を除く全国平均の八〇％」におく、というものだった」（同前）。しかし、審議会の答申は、この沖縄の期待を裏切り、基地収入や公害型企業の立地などに振興の基盤を求めるものであった。

「核抜き」が曖昧さを残していた一方で、「本土並み」という条件にかけた期待も裏切られた。「本土並み」となったのは、自衛隊の本土並み配備にすぎなかった（前掲『沖縄現代史』）。

沖縄の基地問題

復帰前から、沖縄は膨大なアメリカ軍基地施設によって県土を寸断されていた。五〇年代後半から極東地域に対するアメリカ軍の配備が縮小され、日本本土からも地上部隊の撤退が進んでいた。しかし、それは沖縄の基地の減少を意味しなかった。「六〇年安保改定のころまでに、日本の米軍基地は四分の一に減少したが、沖縄の米軍基地は約二倍に増えた」（同前）。

沖縄では、「本土並み」とは基地の規模や比率が「本土並み」になることだと理解されていた。実際、沖縄タイムス社長豊平良一《とよひらりょういち》によると、那覇を訪れた愛知揆一《きいち》外相に「「本土並み」とは基地の規模もか」と質問をぶつけたところ、外相は「その通りだ」と答えたという。

「復帰時点で、沖縄には、二万七八五〇ヘクタールの米軍基地（専用施設）が存在していた。それは、沖縄の県土面積の一二パーセントを上回り、沖縄島の実に二三パーセントを超えていた」（同前）。七二年返還が合意された六九年頃から、本土の基地がさらに減少しはじめたにもかかわらず、沖縄の基地の規模は、縮小しなかった。結局、国土のわずか一％にも満たない沖縄県に、日本本土の三倍にあたる基地が集中した。

基地の存続は、アメリカ兵による犯罪の多発を復帰後の問題として残した。七二年だけでアメリカ兵による日本人殺人事件が三件発生し、軍の綱紀粛正を求めた屋良朝苗《やらちょうびょう》知事に対し、ゴードン・グラハム在日米軍司令官は「公平にいえば、米軍人・軍属はしばしば沖縄県民による暴行や強盗などの犠牲者にされてきたことを認識すべきである」と回答した（『朝日年鑑』一九七三年版）。アメリカ側は、「軍事優先の姿勢」で県民感情に対する配慮を見せなかった。

大量の軍用地に対して、日本政府は使用料を六・五倍に引き上げることで報いた。軍用地に貸す方が基幹作物であるサトウキビを栽培するより有利という条件を作り出し、基地の存続を受け容れさせるためであった。「島ぐるみ闘争」と呼ばれた土地返還闘争の基盤は大きく動揺した。新たに制定された公用地暫定使用法によってアメリカ軍基地の継続的な土地使用が求められ、これを拒否した反戦地主は孤立した闘いを強いられることになった（前掲『沖縄現代史』）。

自衛隊の本格配備に際しては、反自衛隊闘争が盛り上がりをみせ、七二年一一月には那覇市で県民総決起集会が開かれ、主催者発表によると一万二〇〇〇人が参加した。市町村レベルでは、基地内の自衛隊員の住民登録を拒否するなど、自治体も一体となった反自衛隊闘争が起きた（『朝日年鑑』一九七三年版）。

返還はこうして沖縄に分裂を持ち込んだ。復帰前まで期待感をもっていた県民は、「復帰して良かった」と回答する者が四割程度にとどまった。多数派は沖縄返還の実態に不満が大きかった。

沖縄返還には、日米関係のもう一つの懸案が絡んでいた。「糸を売って縄を買った」といわれた、日米繊維交渉の解決であった。

日米繊維交渉

ニクソン大統領は、南部での支持を得るために繊維製品の輸入制限を選挙公約としていた。そのため、就任直後から、次の選挙をにらんでこの公約の実現に迫られていた。

六九年二月の記者会見でニクソン大統領は、日本に対して化学繊維及び合成繊維の対米輸出を自主規制することを要求する考えを明らかにし、五月から七月にかけて、ウィリアム・ロジャーズ国務長官、モーリス・スタンズ商務長官らが来日して自主規制を要求した。また、七月末の日米貿易経済合同委員会でも同様の要求が繰り返された。これに対して、通産省は専門家をアメリカ現地に派遣して調査したが、日本製品の輸出がアメリカ業界に被害を与えているという事実は確認できなかった。

しかし、執拗に自主規制を求めるアメリカに対して、一一月に沖縄返還を決めた首脳会談で、佐藤首相は早期解決を約束した。この点は、会談のコミュニケには触れられず、翌七〇年初めに明るみに出て、「密約」として波紋を投げかけた。政府は密約を否定したが、これが繊維業界の反発を招いて問題をこじらせることになった。

個別品目ごとの規制を求めるアメリカ側に対して、日本側は規制方法についても被害実態についても、真っ向から反論し、両者の考え方はまったく対立した。打開のため宮澤喜一通産相は、七〇年五月にGATTのオリビエ・ロング事務局長と日米繊維交渉について協議した。その結果、問題が解決しない場合には、GATT体制にも重大な影響が及ぶようなアメリカ議会の輸入制限立法につながるとの懸念から、ロング局長は日本への協力を表明した(『朝日年鑑』一九七一年版)。

これを受けて宮澤通産相は、交渉妥結に向かって全力を挙げることになり、日本繊維産業連盟幹部と協議の上、日本側提案をまとめて、六月にワシントンで閣僚級会談に臨んだ。この会談は、宮澤通産相とスタンズ商務長官との話し合いを軸にして行われたが、両者の主張はまったくの平行線で、何の成果もなく打ち切られた。

このような状況に対してアメリカ議会では保護的な貿易法案の審議が進み、EC諸国などが事態の推移に危機感を募らせていった。また、アメリカは日本製テレビをダンピングの疑いで関税評価差し止め措置をとり、あるいは、原料炭輸出規制をほのめかすなどの保護主義的な措置を打ち出した。

日本財界でもアメリカの保護主義台頭を心配して植村甲午郎経団連会長が交渉の再開を要請し、七〇年一〇月のニクソン・佐藤会談で繊維交渉再開が合意された。佐藤首相は帰国後、繊維業界首脳と会談して協力を要請し、一一月から一二月にかけて五回にわたり牛場信彦駐米大使とピーター・フラニガン大統領補佐官との会談が開かれ、さまざまな提案が検討されたがまとまらず、結局越年となった。

事態のこれ以上の悪化を避けるため、七一年に入って日本側は自主規制によって事態を収拾することとした。三月に日本繊維産業連盟は一方的自主規制措置を宣言したが、ニクソン大統領は、自らの政治的成果とみなされないとの判断からこれを拒否し、あくまで政府間協定による繊維交渉の妥結を要求した。沖縄返還協定調印式への大統領の突然の欠席、頭越しの訪中とドル防衛策の発表は、こうした日米関係のもとで発生した。それは、ニクソン大統領が、繊維交渉での日本の譲歩を強く求めたシグナルのようであった。

その後さらに半年余りの交渉が続き、この年一月から通産相に就任していた田中角栄が、最終的にはアメリカ案の全面的な受け容れを決断して政府部内の了解を取り、一〇月に訪日したデヴィッド・ケネディ特使との間で協定案の基本的な条件について合意した。こうして、翌七二年一月に日米繊維協定が正式調印された。

協定の実現のため、田中通産相は、過剰設備の買上げ、輸出減少額の補償、滞貨資金融資などの業界対策を行うことを表明し、七一年度中に一般会計から五〇二億円、財政投融資から七七六億円の合計一二七八億円が支出された(『朝日年鑑』一九七二年版)。

この協定は、佐藤内閣がニクソン大統領の国内基盤の強化に全面的に協力したものであった。沖縄返還との交換条件であったかはともかく、返還を最優先課題とする佐藤内閣にとって、ニクソン政権との協調的な関係は是非とも維持したかった。この交渉を拒否すれば、「核抜き返還が難しくなるという懸念があったからである」(前掲『日本政治史4』)。ニクソン政権の対応もやや常軌を逸していた。アメリカ側でこの交渉にかかわったキッシンジャーは「そもそもの誤りは、一九六八年のニクソンの選挙公約にあった、といえるかもしれない。それは、わが国の外交政策目標にとってあまりに高くついた」と、この交渉がアメリカの国益には必ずしも合致しなかったと回想している。そうした思いは、この当時の駐日大使であったアーミン・マイヤーも同様であった(同前)。

日本側でも「繊維のおかげで日米関係は二年余りもアブノーマルになってしまった。あれがなければ、二つのニクソン・ショック(ニクソン訪中と金ドル交換停止)も、もっとわが国に理解のあるやり方になったかもしれない」と牛場大使は回想している。それは、佐藤内閣の政策選択が日本にも「高くついた」ことを物語っていた(前掲『昭和経済六〇年』)。

佐藤首相の退陣

沖縄返還と繊維交渉は、七一年七月の内閣改造において、佐藤首相が、後継総裁をうかがう福田赳夫を外相に、田中角栄を通産相に起用して党内掌握を図り、ようやく実現したものであった。しかし、佐藤内閣は、改造から五カ月の間に三閣僚を更迭することになった。六四年一一月の発足以来、九人となる閣僚の辞任は、延命のための「トカゲの尻尾切り」といわれた。二つのニクソン・ショックへの対応のまずさも、政権が末期的な症状を呈していると評される要因となった。佐藤内閣の支持率は、七一年一二月には二四%となり、不支持が五三%と過半を占めた。

内閣改造と同じ七月には、河野《こうの》謙三《けんぞう》が参議院の改革を訴えて、佐藤体制を支えていた重宗雄《しげむねゆう》三《ぞう》議長への批判を開始した。これを受けて参議院議長選挙では、自民党の反主流派と野党の支持を得て河野議長が誕生した。佐藤政権を支える与党体制にひびが入った。

図 **4-3**　佐藤栄作首相退陣時の異例の記者会見(1972 年 6 月 17 日)(『1 億人の昭和史 8 日本株式会社の功罪 昭和 40 年－47 年』毎日新聞社，1976 年)

翌七二年五月に沖縄の本土復帰を首相として見届けた佐藤首相は、六月一七日、国会内で開かれた自民党の衆参両院議員総会で退陣を表明した。同日、首相官邸において記者会見に臨んだ佐藤首相は、冒頭、「偏向的な新聞は大きらいだ。新聞記者のいるところでは話したくない」と発言して席を立った。内閣記者会の抗議にも強硬な姿勢を示した佐藤首相は、結局、新聞記者が全員退席した会見室でテレビカメラを通して、希望通り「国民に直接話す」ことになった(『朝日年鑑』一九七三年版)。七年に及ぶ政権担当者としては、あまりに節度を欠いた発言と行動だった。

3　列島改造と狂乱物価

田中内閣の成立

七二年七月五日、自民党は、臨時党大会を開いて総裁選挙を行い、福田赳夫、田中角栄、大平正芳、三木武夫の四候補から、決選投票で大平・三木両派の支持も加えた田中が後継総裁に選ばれた。

佐藤の意中にあった後継総裁は福田だった。しかし、田中の多数派工作が進展し、次第に福田を圧倒した。中曽根(康弘)派がいち早く田中支持を表明し、中間派がこれに続いた。さらに、総裁選の三日前には、日中国交回復を掲げて田中・大平・三木が三派連合を結成した。福田は佐藤総裁の裁定に期待していたが、佐藤はすでに発言権を失っていた。こうして田中が当選した。その間に、おびただしいカネが多数派工作のためにばらまかれた。

田中角栄は、五四歳と若く、それまでのような官僚出身者ではなく、立志伝中の人物として「決断と実行」をスローガンにブームを引き起こした。八月の調査で内閣支持率は、六二%を記録した。

日中国交回復

田中内閣に期待された「実行力」は、その年九月の日中国交回復の実現によって示された。中国政策を転換できなかった佐藤内閣を批判し、田中は日中国交回復を総裁選における三派連合の最重要課題としていた。したがって、それは予定されたものであったが、これほど早くなるとは予想されていなかった。

九月二五日に田中首相と大平外相は中国を訪問し、二九日には国交正常化の共同声明に調印した。二五日夕方からの周恩来首相主催の晩餐会で、田中首相は「過去数十年にわたって、わが国が中国国民に多大のご迷惑をおかけしたことについて、私は改めて深い反省の念を表明する」と、日本の対中国侵略に事実上の謝罪を行うとともに、国交正常化に強い意欲を表明した(『朝日年鑑』一九七三年版)。

共同声明の内容は、首脳会談に先立って訪中した公明党の竹入義勝《たけいりよしかつ》委員長や自民党の古井喜《よし》実《み》、田川誠一らが中国政府首脳とまとめていたものを基礎とした。争点となったのは、中国が示していた復交の三原則(①中華人民共和国政府が中国を代表する唯一の合法政府、②台湾は中華人民共和国の不可分の領土の一部、③日台条約は不法無効であって廃棄されねばならない)への対応であった。このうち、①を日本は受け容れ、②については「中華人民共和国政府の立場を十分理解し、尊重する」と表現した。③については声明では触れずに、大平外相談話の形で記者会見において、「日華平和条約は存続の意義を失い、終了したものと認められる」との政府見解を一方的に発表することで決着した。また、戦争の損害賠償問題については、「戦争賠償の請求を放棄する」と中国側が一方的に宣言する形をとった。必ずしも完全な合意ができたわけではないが、こうして戦争状態の終結と国交正常化の実現を目的とした共同声明がまとめられた。日中平和友好条約が締結されるのは、それから六年後、七八年八月であった。

この日中国交正常化までには、田中の決断だけでなく、多くの地道な関係改善努力の積み重ねがあった。社会党、公明党、民社党がそれぞれの立場で訪中して両国間の意思疎通に重要な役割を果たした。就任直後の田中首相が国交回復に意欲を示したのに対し、中国側は、その二日後に周首相が日本の政権交替と中国政策の転換を歓迎すると演説した。この素早い対応は、大平外相が「(国交回復のための訪中が)いつになるかはいう自信がない」と語っていた日本側に早期実現の道を示唆するものであった(同前)。

経済界では、将来の大きな市場としての期待感から、ニクソン訪中後には中国に接近していく動きが活発となり、日中国交正常化へのムードを盛り上げていた。日本商工会議所の永野《ながの》重《しげ》雄《お》会頭が日台条約の解消に賛意を表明し、それまで逡巡していた三井物産と三菱商事が日中貿易四条件(①蔣介石《しょうかいせき》一味の大陸反攻を援助し、朴正熙《パクチョンヒ》集団の北朝鮮に対する侵犯を援助するメーカー、商社、②台湾と南朝鮮に多額の投資をしているメーカー、商社、③アメリカ帝国主義のベトナム、ラオス、カンボジア侵略に兵器、弾薬を提供している企業、④日本にある米日合弁企業及びアメリカの子会社、とは取引を拒否する)の受け容れを表明していた。

五二年の講和条約締結に際して、周恩来首相は中華人民共和国を除外した対日講和条約に対して「激しい憤怒と反対を表明しないわけにいかない」と抗議声明を発表し、日米安保条約は「極東の戦争を拡大する危機」をもたらすと非難した。

それから、二〇年目にようやく日中間の国交正常化の道が拓かれた。その間、岸・佐藤内閣時代には、政府が台湾寄りの外交方針をとって中国との関係をしばしば危機に陥れる局面を経験した。そのためもあって、五九年の社会党訪中では浅沼書記長が「米帝国主義は日中共同の敵」と発言して波紋を広げた。日中国交回復の遅れは、アメリカの中国政策への忠実な追随者であるという、外交の自主性のなさによってもたらされた面が強かった。そうしたなかで、中断を挟みながらも貿易関係（LT貿易、覚書貿易）は維持され、これを支えた関係者たちが日中を結ぶ唯一の政治的な架け橋としても果たし続けてきた役割は極めて大きかった。

円高不況の不安

日中国交回復の成果をあげ、七二年一二月一〇日の総選挙に臨んだ自民党は、田中首相の個人的人気にもかかわらず、大きく議席を失った。総選挙の結果、自民党は二七一（二六減）、社会党一一八（三二増）、共産党三八（二四増）、公明党二九（一八減）、民社党一九（一〇減）などであった。六九年の総選挙で惨敗した社会党の議席増は予想されていたが、共産党の進出が目立ち、公明・民社などは後退した。自民党の相対得票率は四六%で回復の兆しはなかった。

田中内閣に対する批判は、佐藤内閣以来懸案となっていた公害問題や物価問題に関して田中内閣が明確な対策を示すことができなかったことが原因であった。ことに地価の上昇が目立つようになっていた。

このような状況が生じたのは、七一年一二月の円切上げによって「円高不況」が予想されたためであった。これ以降、円高が進行するたびに繰り返されることになる「円高不況」論とは、輸出依存度が高く、輸出によって経済成長が牽引されている日本では、円高になると輸出が難しくなり、日本経済は不況になる、というものであった。

そのため、七二年度予算編成では、一般会計が前年比二二％増、財政投融資が同じく三一％増という大型予算が組まれて、財政面からの景気浮揚政策がとられた。さらに公定歩合引下げに加えて、日銀の外貨買上げによって市場に豊富な資金が供給された。こうして散布された資金が過剰流動性（カネ余り）となって株式や土地などの投機に向かった。その結果、株価は、七二年中に二七六九円（東京証券取引所ダウ平均）から五二〇七円に急上昇した。また、ある調査では、上場企業七四五社中六九六社が保有している土地の大半は、直近の数年間に取得され、しかも開発もせずに値上り待ち状態だと報告されていた（『朝日年鑑』一九七三年版）。

列島改造論と土地投機

投機的な経済拡大には、田中首相が就任前に公表していた「日本列島改造論」の影響もあった。田中内閣の内政の表看板となった『日本列島改造論』は日刊工業新聞社から刊行され、七二年中だけで八〇万部を売るベストセラーとなった。それは、①太平洋ベルト地帯に集中しすぎた工業の地方分散をするために工業再配置を行う、②都市改造と「新二五万都市」の整備を推進する、③これらを結ぶ全国的な総合ネットワークを整備し、「全国一日通勤圏」を実現する、という三つを主要な内容とするものであった。具体的には、工業の再配置では、過密状態にある東京や大阪から工場を「追い出す」ための新税を導入し、さらに、日本列島の北東、西南の後進地域に大規模工業基地を配置することが考慮されていた。また、新二五万都市については、「経済活動に加えて、情報、金融、流通など開発拠点としての都市機能を持ち、医療、文化、教育などの施設を整備して、住民が文化的で豊かな暮しができる」都市の建設が構想された。こうして過疎と過密の問題を一挙に解決しようと考えていた(同前)。

この構想を内政の具体策とするため、田中首相は首相の私的諮問機関として日本列島改造問題懇談会を設置して審議を開始した。自薦も含めて九〇人もの委員がこれに参加した。しかし、総選挙後の結果を受けて、田中首相はこの懇談会の議論を事実上打ち切った。

日本の社会資本整備が立ち後れており、過疎と過密の問題が生じていたこと、これへの対策が必要であることは間違いなかった。六八年の調査であるが、日本の社会資本ストックは、一人当たりでアメリカの五分の一、イギリス、西ドイツの二分の一という水準であり、経済大国としては貧弱なものであった。

朝日新聞
長者番付
また土地成金独占 昨年分
上位100人中94
トップは16億

図4-4　長者番付を報じる新聞記事
(『朝日新聞』1973年5月2日)

しかし、同時に、列島改造は公害の拡散になるのではないかという懸念にも耳を傾ける必要があった。公害問題の未解決や物価問題への影響を考慮すると、列島改造論の描いた成長重視の格差解消策は、国民的なコンセンサスを得ることが難しくなっていた。この前後の時期に、水銀汚染魚問題が発生して、消費者の環境への関心が一層高まり、公害関係の訴訟事件では被害者側の主張を認めて企業の敗訴となるケースが続いた。また、ＰＣＢなどの有害物質の生産を企業が自発的に中止するなど、国民生活の質的な向上、福祉の向上へと政治に求めるものが変化しつつあったからである。

年率一〇%の経済成長が続くと想定して、各種の社会的なインフラの整備が盛り込まれた計画は、高速道路一万キロ、新幹線七〇〇〇キロを八五年までに建設するなど大規模な公共事業投資を予定していた。しかし、それは翌年には地価が前年比で三割以上も上昇するなど、弊害が目立っていた。地価の上昇は、金融機関からの貸し出しに基づいて巨額の資金を土地購入に投じた企業の投機的な土地取得によるものであった。それは、都市住民のマイホームの夢を遠のかせていた。

4　二つの石油危機

第一次産品の高騰

一九七二年には円高不況が懸念されるなかで、卸売物価の騰貴が生じた。上昇率は年間を通じて八・五%であった。消費者物価は野菜など季節商品の下落もあって四%台の値上りにとどまっていたから、これまでの消費者物価の上昇と卸売物価の安定という常識を覆す状態であった。七三年にはこの卸売物価の影響を受けて消費者物価も急上昇しはじめ、その対策が重要な政治課題となった。このような状況に石油危機による石油価格の急騰が加わって、七三年秋から七四年にかけて「狂乱物価」と呼ばれる混乱が生じた。

しかし、この「狂乱物価」は、石油価格の上昇だけが原因だったわけではない。「円高不況」論に基づいて生み出された「過剰流動性」が、物価上昇の第一の要因であった。拡張的な財政による過大な通貨供給は七三年にも継続していた。それだけでなく、さらに複合的な要因が物価上昇をもたらしており、石油危機以前から憂うべき兆候が目立っていた。

国際的にみると、七〇年代に入って世界的に食糧不足が顕在化していた。七二年の秋頃からシカゴの穀物相場が急騰し、七三年にはアメリカが大豆の輸出規制を行うほどとなり、日本にも深刻な影響を与えた。原因はソ連が国内の農業生産不振のために大量の穀物買い付けを行ったことであった。穀物価格は、七二〜七四年に三倍ほど上昇した。また、石油価格も七〇年の一・八ドルから七一年二月に二・一三ドル、七二年一月に二・四七九ドル、七三年四月に二・八九八ドルと、じわじわと上昇していた。物価高は国際的に共通した現象だった。

国際的な資源価格の上昇の結果、七三年には輸入財価格が前年比で三四%の急騰を示した。これを背景に投機的な商品取引が活発化した。七三年三月には繊維製品が前年比で一一%という「二ケタ」の上昇を示した。商社による投機的な買い漁りが原因だった。繊維価格の急騰は政府の規制強化などによって沈静化したが、その後、投機的な動きは、機械、紙、化学品などに広がっていった。夏頃になると、鋼材、セメントなどの建設資材にはじまる物不足が顕在化し、物価の上昇は全般化した。政府は「買い占め・売り惜しみ規制法」を制定して、これに対処する必要に迫られた。

コンビナート事故の続発

思惑的な「仮需《かりじゅ》」による投機だけでなく、供給面でのボトルネックが投機を助長し、物価高をもたらした面もあった。七三年夏の水不足によって日本鋼管福山製鉄所が操業を停止したことに加えて、石油化学コンビナートで事故が多発した。このために鋼材や石油化学製品の供給不足が発生した。それは、経済成長をもたらしてきた技術革新の成果が、ほころびを見せているかのようであった。

表4－1のように七三年だけで一〇カ所以上の化学プラントで、場合によっては人命にかか

表4-1　1973年の石油コンビナート爆発災害(労働省調)

月日	事業場	出火原因・個所	死者	負傷
3.15	三菱油化(鹿島)	ポリプロピレン装置	—	3
3.30	ゼネラル石油(堺)	重油脱硫装置	—	—
4.23	化成水島(岡山水島)	ポリエチレン	—	—
5. 8	鹿島石油(鹿島)	蒸溜装置(清掃中)	—	2
7. 7	出光石油化学徳山	アセチレン水添塔	1	—
8.23	興亜石油(大阪)	加熱炉の爆発	—	—
8.25	東洋曹達工業(南陽)工場	炭酸ガス吸収塔	—	—
9.16	大阪石油化学	ナフサ分解炉	—	—
10. 8	チッソ石油化学(五井)	ポリプロピレン	4	9
10.13	愛媛住友化学(大江)	反応器ガスもれ	—	—
10.18	日本石油化学(浮島)	プラント爆発	2	2
10.25	日本ユニカー(川崎)	高圧装置出火	—	—
10.26	東亜燃料工業(川崎)	水素脱硫装置出火	—	—
12. 4	旭電化(鹿島)	原料タンク爆発	3	3

資料：『朝日年鑑』1974年版，601頁より作成

わる重大事故が発生した。第四次中東戦争が勃発した一〇月には五件を数え、なかでも八日に起きた市原市のチッソ石油化学五井工場の爆発事故では死者四人、重軽傷者九人を出す惨事となった。このために供給がストップしただけでなく、事態を重大視した政府が、各コンビナートに徹底した点検を求めたから、それによって操業率は低下し、物不足は一段と加速、深刻化した(『朝日年鑑』一九七四年版)。

アラブ産油国の石油戦略

七三年一〇月六日に勃発した第四次中東戦争は、石油危機を発生させ、安い輸入資源に依存していた日本の高度成長に終止符を打つものとなった。

不意をついたアラブ側が初戦を有利に展

開したが、一三日頃には十分な反撃態勢を整えたイスラエルが攻勢に転じた。ソ連はアラブ側に、アメリカはイスラエルにそれぞれ武器を補給して支援する一方で、米ソ両国は、国連安全保障理事会など公式の場だけでなく、あらゆる機会を捉えて停戦・和平の道を探るために交渉を重ねた。

そうしたなかで、一六日に戦局が悪化したためにエジプトのアンワル・サダト大統領が停戦を提案した。停戦提案に基づくその後の交渉を有利に進めるため、翌一七日にサウジアラビアなど中東産油国六カ国が原油価格の二一%引上げを発表し、さらにOAPEC(アラブ石油輸出国機構)一〇カ国も五%の減産を宣言した。陸海空の三軍に加えて、「第四軍」としての石油戦略は、アメリカやヨーロッパ諸国、そして日本などイスラエル寄りの外交姿勢をとる国々に対して、原油供給制限を通して圧力をかけることを目的としていた。それは一八日にリビアの提案で実施されることになった石油の対米全面禁輸措置によって、より明確となった。

これを受けて、エクソンなどの国際石油資本は、日本などに原油価格の三割値上げを、また、サウジアラビア国営石油会社は、二四日に日本などへの直売価格の七割引上げを通告してきた。各国は石油消費制限などの措置をとったが、一一月六日にECはアラブ寄りの共同宣言を出して、石油戦略の適用除外を受けることになった。

石油資源のほぼ一〇〇%を輸入し、しかもその八三%を中東に依存していた日本は、親イスラエル国と見なされて、厳しい石油戦略に直面した。政府の対応は、機敏とは言い難かった。一カ月余りすぎた一一月二二日にイスラエルに対する占領地撤退要求などを盛り込んだ親アラブ政策を発表したが、それは「証文の出しおくれ」といわれた(『朝日年鑑』一九七四年版)。一二月一〇日には三木副総理を特使としてアラブに派遣した。三木特使は、スエズ運河拡張計画に対する円借款などの経済・技術援助を約束して、日本をアラブの「友好国」に認めるよう交渉し、二五日ようやく石油戦略の適用を免れることになった。

しかし、量的な側面では問題解決の糸口を得たとはいえ、七四年一月から石油価格がさらに二倍に引き上げられることとなって価格面での大きな影響を避けることはできなかった。

買い占め騒動

石油戦略による価格の引上げによって、七三年一月に二・六ドルだった原油価格は、七四年には一一ドルを超えた。物価上昇の理由には、石油供給の途絶に恐怖して、商社やメーカーが石油の量的確保を優先し、価格の上昇を容認して買い漁った面もあった。便乗値上げも頻発した。それが、物価の急騰を歯止めのないものにした。

政府は、七三年一〇月後半から大口の需要者である電力、鉄鋼、石油化学業界に対して消費節約を求めた。また、一一月一六日に石油緊急対策要綱を閣議決定して、大口需要業界に対して石油消費の一〇%削減を求めた。小口の一般消費に対しても、ガソリンスタンドの休日営業の中止、風俗営業や映画館などの終業時刻の繰上げ、深夜テレビの自粛などを求めた。さらに、石油消費規制と国民生活の安定確保のために石油緊急二法（石油需給適正化法、国民生活安定法）を制定し、石油消費規制と物価抑制、便乗値上げなどの取締りを強化した。

この間、一〇月以降、物不足と価格上昇によってトイレット・ペーパー、合成洗剤、砂糖、小麦粉などの生活関連物資に対する買い急ぎが目立つようになった。報道によって増幅された面があるが、スーパーなどの大型小売店舗で、トイレット・ペーパーなどに買い物客が殺到して、けが人が出るほどの、激しいパニック状態となった。生活資材の多くは、流通過程での在庫水準が低かったから、買い急ぎによって一挙に在庫が払底して供給が間に合わないなどの事情があった。しかし、そうした事情を知り得ない消費者心理は悪化の一途をたどった。

こうしたなかで、「節約は美徳」という言葉が、この年以降しばらくは世相を表す言葉となり、ベターホーム協会が発行した小冊子『ものを大切にする暮らしの読本』が四カ月で六五万部を売るベストセラーとなった。物価は、七四年にかけて、朝鮮戦争の影響によって急騰した五〇年代初め以来の高い上昇率を記録した（『朝日年鑑』一九七四年版）。

総需要抑制政策への転換

一一月二五日、田中内閣は愛知揆一蔵相の急死を受けて内閣を改造し、田中内閣の拡張的な経済政策に対する批判を強めていた福田赳夫を行政管理庁長官から蔵相に横滑りさせ、石油・物価対策を最重点とする政策転換に踏み切った。

就任直後、福田蔵相は、「インフレ克服を最優先させ、列島改造構想はそのあとにやるべきだ」

と述べて（同前）、七四年度予算における総需要抑制政策に踏み切ることを明らかにした。田中首相は、「列島改造論は私的な論文だ」（同前）と一枚看板を下ろした。しかし、このような政策転換を行っても、就任当初六二％という記録的高さだった内閣支持率は、七三年五月には二七％となり、一一月の改造後でも二二％とさらに低下し、不支持が六〇％に達した。

七四年に入って総需要抑制政策は本格化した。石油二法などによって価格の同調的な引上げを監視しながら、金融面では公定歩合を一挙に二％引き上げて九％とするとともに、財政面からの需要抑制を徹底した。その結果、七四年の実質経済成長率はマイナスを記録した。

その後、いったん落ち着きを取り戻した原油価格は、七〇年代末にかけて再上昇した。第二次石油危機であった。

高度成長の終焉

七八年夏から盛り上がったイランの反体制運動は、七九年に入って王政を倒して共和制への移行を実現した。このイラン革命の影響は、中東情勢を再び不安定なものとし、七九年末にはソ連軍のアフガニスタン侵攻などの事態も生んだ。それだけでなく、イラン石油の生産削減などを背景にして、世界の石油市場は再び激しい逼迫状態に陥り、ＯＰＥＣ（石油輸出国機構）は三月以降価格の引上げを繰り返し、年初に一二ドル台であった原油価格は、七九年中にスポット価格では四五ドルを記録するほど高騰した。日本の輸入価格も、七八年一二月の一三・六九ドルから二二ドルまで上がり、日本経済は二度目の石油危機に見舞われた。

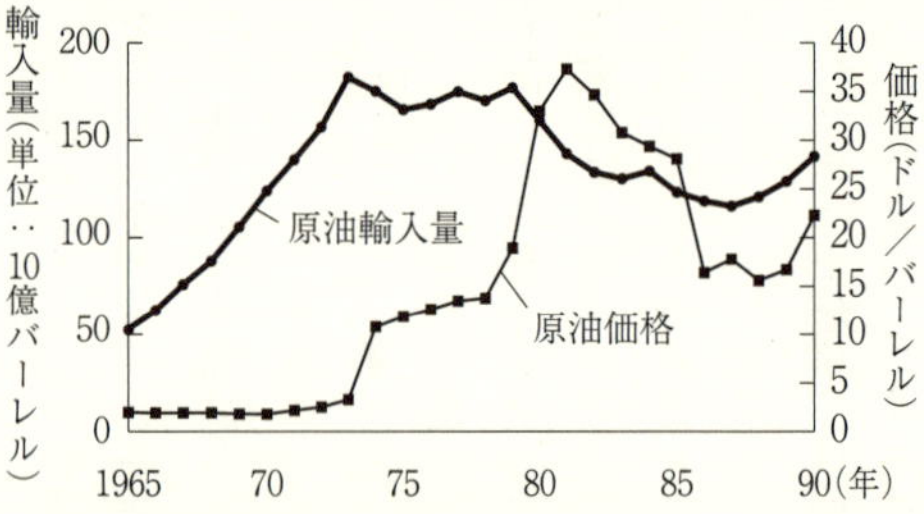

資料：『東洋経済統計年鑑』より作成

図4-5　原油輸入量と原油価格

七〇年代に入って発生したドルと石油による二重の危機は、日本だけでなく世界経済を大きく揺さぶるものであった。国際間の通貨調整は、最終的には変動相場制への移行に委ねられることになり、各国は自国通貨レートの変動にさらされた。それは、投機的な資金移動を呼び起こすなかで、国際経済関係の安定を損なう危険をはらむものになっていった。その一方で、エネルギー価格の上昇は、強いコストアップ要因となり、経済成長率が低下しただけでなく、不況（スタグネーション）下でのインフレーションの進行という、それまでにない経済状態に、先進工業国を沈み込ませることになった。「スタグフレーション」と呼ばれる、不況とインフレの併存は、不況対策として需要不足を財政支出拡大によって補おうとすれば、その効果が十分でないうちにインフレを加速させてしまうというジレンマに陥ったことを意味した。

その影響は、それまでの成長率が例外的に高かっただけに、日本では一段と厳しかった。こうして「高成長経済」の時代は終わりを告げた。

成長率の急速な低下は、税収の伸びを鈍化させ、国の財政は国債依存度の上昇による硬直化の問題に直面した。そのため、七三年に田中内閣の積極的な対応によって「福祉元年」といわれ、老人医療の無料化など社会福祉関係の予算の大幅な増額が実現したにもかかわらず、その直後から、「福祉見直し論」が台頭するようになった。福祉社会の実現は、つかの間の夢となり、「福祉といえども聖域ではない」といわんばかりに、逆コースの歩みが始まった。

5　企業の社会的責任と金権政治

石油闇カルテル

七四年三月、政府は石油価格の大幅な上昇に対応するために石油製品の値上げや公共料金の引上げを認める一方で、価格監視を強めて、安易な価格転嫁による物価急騰を抑えようとした。しかし、そうした対策はあまり効果的とはいえず、秋にかけて物価上昇はとまらなかった。

七三～七四年の春闘で二～三割という記録的な大幅賃上げが実現したにもかかわらず、それはインフレの影響をかろうじて打ち消すだけであった。不況による雇用不安が発生していたから、大企業中心の賃上げが国民の多くに安心を与えたわけではなかった。公定歩合の引上げに伴って預金金利は極めて高くなったが、インフレには遠く及ばず、預金金利は実質的にはマイナスであった。それでも消費者は節約に努め、将来の不安に備えようとした。

家計のこうした努力のなかで、企業行動に対する批判が強まっていった。前年の買占め売り惜しみなどの投機的な行動に加えて、七四年になると便乗値上げなどに対する批判が強くなっていった。実際、石油危機を前後して、違法行為である闇カルテルなどが横行し、公正取引委員会(公取委)から問題にされる事件が多発していた。

そのなかでも最も重大であったのは、石油闇カルテル問題であった。七三年の石油危機に際して、石油業界は「諸悪の根源」と通産省の高官から名指しで批判された。石油業界が狂乱物価の元凶というイメージが作られていった。もちろん、物価上昇の要因は石油価格だけの問題ではなかったし、業界の価格つり上げだけが問題ではなかった。

しかし、七四年二月に公取委が石油元売一二社と石油連盟及びその幹部を独占禁止法違反で告発するに及んで、石油各社に対する批判は一段と強まった。前年一一月の強制捜査によって石油危機に際して闇カルテルを結んでいたと確証が得られたからであった。この告発の前後、国会では共産党の荒木宏議員によって、ゼネラル石油が七三年一二月に「千載一遇のチャンス」と記した文書を系列店に流し、「便乗値上げを奨励した」事実が紹介され、田中首相は「悪徳商法の見本みたいなもの」と答弁せざるを得ない状態であった(『朝日年鑑』一九七五年版)。五月に石油闇カルテル事件は起訴となり、八四年二月最高裁判決で有罪となった。

企業の社会的責任

石油闇カルテル問題は、独占禁止法の強化を求める消費者などの声を強めた。利益追求を大義名分にした企業行動の逸脱は、商社の行動基準の設定など、企業側の自発的な動きによって是正の道を探ることになったが、批判の声は強まるばかりであった。七三年五～六月には経団連に革新団体や労働組合が押しかけて抗議行動を展開した。こうした動きは、七四年に入って一段と強まった。

経団連は社会的責任に関する懇談会を設けて会員企業のモラル向上に努めた。また、財界首脳も七三年春以降、しばしば企業の社会的責任に言及し、五月の経団連総会では、植村甲午郎会長が「今日の企業は地域社会、消費者など企業をとりまく社会との調和なくしては、企業の目的は達成できない」と述べ、「福祉社会を支える経済とわれわれの責務」と題する決議が採択された。そうした自浄努力が重ねられているとみられていた時期に、各業界では価格カルテルが水面下で展開していた。財界が期待した信頼回復は、足下から裏切られていた。

図 **4-6**　三井物産本社前で総合商社批判の集会を開く建築業者（1973 年 3 月 22 日）（『1 億人の昭和史 9 金権が生んだ汚職列島 昭和 47 年－51 年』毎日新聞社，1976 年）

さらに、七四年六月に公示され

た参議院選挙で自民党が退潮を食い止めるために展開した「企業ぐるみ選挙」が批判の的となった。政府・与党と癒着した大企業というイメージが強まり、国民の批判は、田中内閣とこれを支えようとする大企業に一層厳しくなった。

金権批判　「企業ぐるみ選挙」が問題となった参議院選挙は、同時に「金権選挙」でもあった。それは与党内部でも問題視されるほどであり、遊説先の鹿児島で福田蔵相は、「今度の選挙は五当三落、三億円では落選するなどといわれているが、こうした金はどこから出るのか、政党の大掃除が必要だ」と演説するほど、公然としたものであった(『朝日年鑑』一九七五年版)。

ヘリコプターで全国を遊説し精力的な選挙活動を展開した田中首相の思惑とは異なり、選挙結果は、自民党が八議席減の六二にとどまった。参議院での保革の議席差はわずか七となり、「保革伯仲」が一段と進展した。

選挙後、三木副総理、福田蔵相、保利茂《ほりしげる》行政管理庁長官が「田中内閣の金権体質」を批判して辞任した。三木は辞任に際して「自民党の体質改善に専念する」と述べた(同前)。

金権政治は、自民党の政治体質ともいうべき側面をもっていた。しかし、それだけでなく、佐藤総裁の後継者争いが派閥間の対立を強めたことも影響していた。参議院選挙では自民党系の公認・非公認候補者が異なる派閥をバックに議席を争う姿が見られた。中選挙区制である衆

表 4-2　派閥の集金力(単位：万円)

田中角栄	越山会ほか 5 団体	510,721
	田中派 90 人合計	***1,637,850***
福田赳夫	時局経済問題懇話会ほか 5 団体	816,787
	福田派 84 人合計	***2,305,314***
大平正芳	新財政研究会ほか 2 団体	607,205
	大平派 64 人合計	***1,442,416***
三木武夫	政策懇談会ほか 2 団体	387,526
	三木派 46 人合計	***882,917***
中曽根康弘	新政治調査会ほか 4 団体	363,651
	中曽根派 40 人合計	***804,369***
中間派(椎名・水田・船田ほか 60 人)		***2,362,107***
(以上合計)		***9,434,973***
自民党への献金		8,804,184
(総計)		***18,239,157***

資料：笹子勝哉『政治資金』より作成
注：自治省への届出金額．1966～75 年の累計額．

議院選挙では、同一選挙区でも異なる派閥の自民党公認候補者がしのぎを削ることも珍しくはなかった。その当落が派閥の勢力図に影響したからであった。

派閥の領袖たちは、政治資金をそれぞれの独自のパイプで集め、これを派閥メンバーに分配することで勢力拡大を図った。とくにこの傾向が強かったのが田中派だといわれ、福田と佐藤後継争いをした総裁選挙の前には、「カクマル」とささやかれた「角《カク》栄から金《マル》をもらった」隠れ田中派の存在が派閥の構成を流動化した。

笹子勝哉によると、六六年から七五年の一〇年間に各派閥の領袖と派閥の構成員が集めた政治資金は、表4－2のように約一八二四億円に上った。派閥別では、福田派の集金力が高かったが、これらは自治省に政治資金規正法に基づいて届けられた金額にすぎず、実際には、その数倍のカネが動いているといわれていた。

これらの資金は、それぞれを後援する政治団体を経由した各派閥への九四三億円と、自民党への献金八八〇億円からなり、後者は主として財界からのものであり、献金御三家といわれた鉄鋼、電力、金融の各業界が、大口の献金者であった（前掲『政治資金』）。六五年からの一〇年間で、その金額は二〇倍と高成長した。

腐敗行為の防止を目的として四八年に制定された政治資金規正法は、まったくの「ザル法」であった。そのため、「六二年の第一次選挙制度審議会の答申から六七年の第五次の答申に至るまで、政治資金制度の抜本的改革を求める答申が相次いだにもかかわらず、それらはいずれも無視され続けた」（岩井奉信『「政治資金」の研究』）。

財界から自民党への政治献金窓口は、五五年に発足した経済再建懇談会を経て、六一年に発足した国民協会であった。それは、特定企業と政権政党の癒着を防ぐという意味では巧妙な制度であった。しかし、実際には、政治資金規正法に基づいて届けられた範囲内でも、このルート以外のさまざまな形で、各派閥に企業献金が集まっていた。

厳しい批判の声に呼応するように七四年八月に東京電力が政治献金を廃止したのをはじめと

して、電力・ガス業界、鉄鋼業界、銀行業界などでこれに追随する企業が多くなってきた。金がかかりすぎる政治に対して、スポンサーからも異論が生じた。

金大中事件とアジアの反日

内政面での失敗を続けるなかで、田中内閣は、外交面でも難問に直面した。七三年八月八日に東京のホテルから、韓国の大統領候補だった金大中《キムデジュン》が連れ去られて行方不明になった。事件から六日後にソウル市内の自宅で見つかったとはいえ、この事件は、当時から韓国の情報機関の関与が疑われていた。真相究明を求める日本政府に対して、韓国政府はこれを拒否した。発生直後には、「(事件の)責任は韓国にある」(田中伊三次《いさじ》法相)、「韓国の協力に満足しているわけではない」(大平外相)と不満を表明していた日本政府は、次第に日韓関係の友好維持を優先する方向に転じ、九月七日の衆議院本会議で、田中首相は「日韓両国民にとって不幸な事件だが、友好関係を損なわないことが両国の共通の願望」と見解を明らかにした(『朝日年鑑』一九七四年版)。

図 4-7　日本の経済支配を表現した当時のタイのポスター(『実録昭和史 激動の軌跡 5 技術革新と経済大国の時代 昭和 41 年 ~ 昭和 50 年』ぎょうせい，1987 年)

このような政府の姿勢に対しては、事件が「日本の主権と民主主義に対する重大な侵害」であり、「人間の自由に対する挑戦」

だとの批判が強まった。韓国内でも朴政権を批判する学生などのデモが戒厳令下で展開された。それは、金大中が日本の経済援助や企業の韓国進出に伴う弊害を問題にしていたこと、そして、それにもかかわらず、両国政府が一一月に事件の政治決着を図るとともに、翌年度の対韓援助に合意したことを考えると、韓国側だけに責任がある問題とは言いがたかった。日韓関係は再検討すべき問題をはらんでいた。

翌七四年一月の東南アジア諸国訪問では、田中首相は激しい反日暴動に遭遇した。東南アジア諸国における反日感情は、韓国との関係と同様に日本の急激な経済進出に対する反発によるものであった。七二年には、タイで日本商品ボイコット運動が起こり、これをきっかけに、東南アジア全域に反日機運が高まっていた。そのため、田中首相は各地で反日デモに見舞われ、タイでは、バンコク国際空港に着いた田中首相に対して約五〇〇〇人の学生デモ隊が「経済侵略反対」「くたばれ日本のエコノミックアニマルめ」「田中帰れ」と叫んだ。インドネシアでは反日デモが暴動化し、一万人以上の群衆がジャカルタの日本系企業に放火し、日本製の車を焼き打ち、日本大使館の国旗を引きずり降ろした。このため、ジャカルタには外出禁止令が出され、大統領府に閉じこもった田中首相はインドネシア空軍のヘリコプターで空港に移動して帰国の途につくことになった。同年一〇月に開かれたアジア太平洋地域大使会議で、アジア諸国との関係について「日本の急激な経済進出は各国に深刻な後遺症を残しており、この解決が最大の課題だ」との意見が各大使から強く表明されるほど、経済的に存在感を増しつつある日本とアジア諸国との関係が悪化していた（『朝日年鑑』一九七五年版）。

田中内閣の退陣

混乱を極める政局のなかで、七四年秋、佐藤栄作前首相が非核三原則やアジアの平和への貢献を理由にノーベル平和賞を授与されるとのニュースが伝えられた。湯川秀樹（四九年）、朝永振一郎（六五年）、川端康成（六八年）、江崎玲於奈《れおな》（七三年）に次ぐ五人目の受賞であった（その後九〇年までに、八一年に福井謙一、八七年に利根川進）。この佐藤受賞の報せの少し前、一〇月初めに、アメリカの退役海軍少将ジーン・ラロックが議会で「核装備した米艦船が日本に寄港する際、核兵器をその都度おろすことはしない」と証言し、非核三原則が守られているかどうかの疑念が高まっている時のことだったから、それは、国際社会からの痛烈な皮肉のようでもあった。

日中国交回復の成功にもかかわらず、石油ショックの激動のなかで物価対策に有効な手段を講じることができず、カネにあかして政権を維持しようという田中首相の政治姿勢は、自民党内からも、財界からも批判を浴びた。七三年末には内閣支持率が二割強という水準になっていたことに示されるように、国民は田中内閣に信頼を置かず、すでに離れていた。

七四年一〇月初旬に発売された『文藝春秋』誌の「田中角栄研究」と題する特集記事は、一挙に田中退陣の流れを作り出した。三木派の総会で三木武夫は「田中首相がステートマンシップを発揮されるよう期待する」と、公式に退陣を迫った。こうして、一一月一八日に来日したジェラルド・フォード大統領との日米首脳会談を終え、二六日に田中首相は辞意を表明した。金権問題については、「いずれ真実を明らかにして国民の理解を得たい」との言葉を残し、復権を視野に入れての退陣であった。しかし、田中が再び表舞台で政治指導にあたることはなかった。その直前に行われた調査で、田中内閣の支持率は一二%にまで落ちていた(『朝日年鑑』一九七五年版)。

後継争いは、田中の盟友であり党内多数の支持をうける大平正芳と、早くから田中批判を展開してきた三木武夫、福田赳夫に中曽根康弘が加わって展開された。選挙による決着を求める大平に対して、党内調整を任せられた椎名悦三郎自民党副総裁は、一二月一日、三木を後継者とする裁定を出して事態の収拾を図った。三木が早くから金権政治を批判し、党の体質改善などを訴えてきたことが、国民の支持を得られるポイントになると判断したためであった。椎名は裁定文で「新総裁は清廉なることはもちろん、党の体質改善、近代化に取り組む人でなければならない」と説明し、三木は「青天の霹靂《へきれき》」と受諾した(同前)。

三木内閣の挫折

一九七四年一二月九日に三木内閣が発足した。三木首相は所信表明演説で、「インフレ克服による国民生活の安定と社会的不公正の是正を政治目標」とし、党の近代化を通して政治への信用回復を課題とすることを明らかにした。成立直後の支持率は四五％であったが、この数字は一年後には二八％まで落ちた。

政治資金の規制強化、派閥解消、総裁選出方法の改善などの政治改革が進まなかったからである。田中内閣からの総需要抑制政策によって七五年にインフレは沈静化に向かった。しかし、その反面で不況色が強くなって雇用などの不安が高まっていた。しかも、重点施策として取り上げた独占禁止法改正案は、財界などの抵抗から思うように進まなかった。

独占禁止法改正は、田中内閣期の七四年九月に公取委が九項目からなる「独占禁止法改正試案の骨子」を発表し、同法制定後初めて競争状態を強化するものであった。頻発する闇カルテルなどの企業不祥事に対し、消費者団体などから独占禁止法強化の要望が高まっていた。七三年の国民生活安定緊急措置法制定に際し、参議院では政府に対して独占禁止法の改正に取り組むよう付帯決議が可決されていた。試案の提示は、このような要求に応えるものであった。

しかし、企業分割や原価公表、価格の原状回復命令、課徴金、株式保有の制限などに関する公取委の新たな提案は、大きく後退を余儀なくされた。三木首相が野党の協力を求めて成立を図った改正法案も、自民党内の反対によって七五年六月には審議未了、第二次案も七六年の第七八国会で廃案となった。カルテルに対する課徴金の徴収や大規模会社の株式保有総額の制限、価格の同調的な値上げに関する報告徴収などを内容とする改正が実現するのは、七七年六月、次の福田内閣の時であった。

三木首相の党内基盤の弱さがにじみ出ていた。不十分となった政治資金規正でも、三木首相の方針に対する最大の抵抗勢力は自民党内にあった。三年後に企業献金を廃止し個人献金に切り替えることを柱とする三木首相の改革案は、党内の異論(企業献金の全廃は違憲の疑いがあるなど)の前に、全廃方針の法制化は断念された。そのために、成立した政治資金規正法は、三木改革に期待した有権者には物足りないものとなった。

首相の犯罪——ロッキード事件

改革を目指した提案によって自民党内の亀裂が深まるなかで、三木首相は内閣の維持のために党内の融和を優先する方針転換に追い込まれつつあった。それが如実に表れたのが七五年秋の「スト権スト」への対応であった。三公社五現業の従業員にストライキ権回復を求めたストライキに対して、政府は条件付スト権付与を考慮していた。これに田中派が反対し、大平派が同調したことから、三木首相は公労協(公共企業体等労働組合協議会)に対して強硬な態度を貫き、公労協はストを打ち切った。

党内では、すでに次の総裁に関する派閥間の合従連衡《がっしょうれんこう》が模索されつつあった。しかし、七六年二月に外電が伝えたニュースによって、事態は一変した。ロッキード事件と呼ばれることになる大規模な贈収賄事件が発覚し、その疑惑の中心に田中前首相が浮上したからである。

アメリカ上院外交委員会多国籍企業小委員会において、ロッキード社が、日本に航空機や軍用機を売り込むため巨額の政治工作資金を使っているとの証言があった。これを、ロッキード社の幹部も認め、児玉誉士夫《こだまよしお》、小佐野賢治《おさのけんじ》の関与と、その資金が丸紅幹部の示唆で日本政府高官に渡ったことも明らかとなった。

この国際的なスキャンダルの暴露に対して、日本国内でも真相究明の声が高まり、ニュースも連日この事件の続報を伝えた。三木首相は、アメリカとの交渉で秘密資料を入手し、これに基づいた検察当局の捜査と、国会での証人喚問によって、この「構造汚職」の事実関係が次第に明らかにされていった。

その結果、三月に東京国税局の告発に基づいて児玉誉士夫が起訴されたのをはじめとして、六月に丸紅の前専務大久保利春が国会での偽証、全日空の沢雄次らが外為法違反で逮捕された。その後も関係者の逮捕が続き、七月二七日に田中角栄に逮捕状が執行された。首相の犯罪が摘発された。政治家ではこのほか、佐藤孝行、橋本登美三郎《とみさぶろう》なども逮捕された。逮捕に至らなくとも「灰色高官」と名指しされた政治家も多く、政治不信は一段と強まった。

「構造汚職」は七八年一二月に発覚したダグラス・グラマン事件でも明らかにされ、金権体質の自民党政治への不信と批判のまなざしを向けた国民は政治改革を求めていた。

しかし、自民党内には別の風が吹いていた。捜査の進展に対して田中派を中心に、三木内閣への批判はかえって強まった。三木内閣の生みの親であった椎名副総裁は、三木首相を「はしゃぎすぎだ。惻隠の情がない」と憤慨を込めて語ったと伝えられている（前掲『日本政治史4』）。

椎名副総裁は五月一三日、まだロッキード事件の捜査の帰趨もはっきりしない時期に、田中、大平、福田の実力者と個別に会談し、「三木退陣」で意見をまとめた。しかし、この椎名工作は、「ロッキード隠し」であるとの批判が強かったためにただちには実現しなかった。

状況が再び動いたのは、七月末の田中逮捕がきっかけであった。逮捕後であれば、三木批判は「ロッキード隠し」にはあたらない、との論理に基づいて自民党内では「三木おろし」の風が強くなった。反三木派が集まって挙党体制確立協議会(挙党協)が発足し、水面下では大平と福田が後継総裁問題で調整に入った。こうして、衆議院議員の任期満了に伴う総選挙が一二月に行われることになり、挙党協は福田を次期総裁に推挙して分裂選挙に突入した。その結果、自民党は結党以来初の過半数割れに落ち込み、選挙後の入党者を加えて漸く過半数を保ったものの、安定過半数にはとても達しなかった。衆議院も保革伯仲となった。

派閥解消を提唱し、金権政治を批判して首相となった三木は、その母体である自民党からの批判によって引きずり下ろされた。財界は、独占禁止法改正案などへの反発から選挙資金の拠出を渋った。三木は総選挙の敗北の責任をとった形ではあったが、実際には「三木おろし」に屈した。分裂選挙を強行した反三木派は、その目的は達したものの、与党体制の基盤そのものを危うくすることになった。

おわりに──経済大国の陥穽

安定成長への転換

第一次石油危機後不況感が漂っていた日本経済が、ようやく「新しい成長軌道」に乗ったと考えられるようになるまで、おおよそ五年を要した。設備稼働率が大幅に低下し、民間設備投資が低迷して、「投資が投資をよぶ」といわれた高度成長期の経済成長パターンは影を潜めた。一九七〇年代後半には貿易黒字が大きくなり、輸出主導の景気回復となった。

この時期の経済成長率は五％前後であったから、マクロ的な経済指標から見れば、むしろ安定成長に移行したと評価すべき面が大きかった。消費者物価も八〇年代に入ると二％程度の上昇に落ち着き、経済的な安定性は確かなものがあった。しかし、高度成長期の高い成長率との落差に経済界は順応し切れず、不況感を強めていた。さらに、政府も経済政策を新たな事態にどのように転換・適応させるかについて確信を持つことができなかった。

同時に、輸出主導の成長構造が対外的な批判を招くために長続きしないであろうと考えられたことも問題であった。日本の輸出拡大は、かつてのような部分的な摩擦を生じさせるというよりは、世界経済全体に大きな困難をもたらすと見られていた。世界経済に占める日本の位置はそれだけ大きく、「経済大国」としての役割を期待されるようになっていた。そして、結果的には、やや遅れた政府の財政出動は、景気の回復にある程度の効果をあげたとはいえ、公債依存度を急速に高め、財政再建を八〇年代の至上課題とすることになった。

減量経営と省エネ

景気回復の原動力は、七〇年代前半の大きな環境変化（変動相場制への移行とエネルギー価格の急上昇）に対応した「減量経営」と呼ばれた、企業の自主的な経営努力であった。

七三、七九年の二回にわたる石油価格の急騰に対応して、エネルギー使用の節約・改善の努力が続いた。危機の直後には、繁華街のネオンが消え、テレビの深夜放送が休止したが、それは長続きはしなかった。それでも、前掲図4-5（二一〇頁）のように第一次石油危機以降横ばいに抑制された原油輸入量は、七九年以降八〇年代後半にかけて確実に減少した。その一方で、原油価格はドルベースで大幅に低下して八〇年代半ばには二〇ドルを切る水準になった。

この原油輸入の削減を可能にしたのが、企業の省エネ技術の開発と、電源の多様化への試みであった。エネルギー消費量に占める産業用の比率は、七三年の六五％から八五年には五四％弱まで減少した。その結果として、たとえば産業用電力需要が民生用電力需要を下回るなど産業界の努力は着実に実を結んだ。他方で、一次エネルギー供給の構成比は、第一次石油危機の

表　一次エネルギー総供給　　構成比(%)

年度	石油	石炭	天然ガス	原子力	水力	地熱	新エネルギー等
1955	17.6	47.2	0.4	—	27.2	—	7.6
1960	37.6	41.2	0.9	—	15.7	—	4.6
1965	59.6	27.0	1.2	0.0	10.6	—	1.5
1973	77.4	15.5	1.5	0.6	4.3	0.0	0.9
1980	66.1	17.0	6.1	4.7	5.2	0.1	1.0
1985	56.3	19.4	9.4	8.9	4.7	0.1	1.2
1990	58.3	16.6	10.1	9.4	4.2	0.1	1.3
1999	50.0	17.4	12.7	13.0	3.6	0.2	1.1

資料：『東洋経済統計年鑑』より作成

七三年に七七％と石油依存度がピークに達したが、その後、八〇年には六六％、八五年には五六％まで低下した。この間に天然ガスや原子力開発が進展し、これによる電力などの二次エネルギーの供給が可能になったことが、このような変化の背後にあった。

もっとも、七九年三月のアメリカ・スリーマイル島、八六年四月のソ連のチェルノブイリと、原子力発電所では重大な事故が発生し、安全性に対する危惧が強くなった。原子力発電所の立地は、地元住民の強い反対運動によって、次第に難しくなった。六〇年代後半から力を増してきた市民運動・住民運動は、生活者の視点・消費者の視点を生かすことによって、着実にその基盤を固めていった。

この間、産業界では、原油高によるコスト上昇と円高によって損なわれた国際競争力の回復のために、雇用の調整が行われ、生産現場では自動化などによる労働生産性の上昇が追求され、コストの引下げが実現した。配置転換や出向などによって正規従業員数の調整が図られ、さらに臨時工や社外工などについて大幅な雇用削減が行われた。雇用調整の負担は、こうしてもっぱら周辺の非正規労働者が負った。設備の稼働率が大きく落ち込んでいたから、そうした対応でも人員は過剰であった。しかし、企業別組合と経営者側との労使交渉では、正規従業員に対する雇用をできるだけ保障することを優先し、組合員に対する雇用調整には慎重であった。「終身雇用」という日本的な雇用慣行の特徴がこうして明確になった。

こうした個別企業の努力には、業種によっては限界があった。石油危機以来顕在化した大幅な過剰設備は、造船、鉄鋼、塩化ビニール、化学肥料、繊維、アルミ精錬など高度成長を担った主要な産業部門に短期的には解消しない深刻な問題を残し、構造不況業種対策が必要になった。とくに、原材料、エネルギー・コストが急上昇して国際競争力を失った業種や途上国の追い上げを受けている業種などでは円高による打撃も大きかった。このことは、中期的な産業構造の転換が迫られていることを示していた。

円相場は、七〇年代後半には七七年初めの一ドル二九三円から七八年三月には二二二円と円高に振れたあと、七八年から第二次石油危機による国際収支の赤字を反映して七九年度後半には円安に向かい二五〇円水準となった。円高の傾向が強まったことによる圧力も大きかったが、同時に、その不安定性が企業行動を慎重にした。

「三木おろし」によって誕生した福田内閣は、内閣の支持率が二〇％台と低迷したものの、党内基盤は安定していた。大平との間で二年間で政権を譲るとの密約があったためという。しかし、福田首相は、七八年一一月、再選を目指して総裁予備選挙に臨んだ。事前の予想では、福田有利と伝えられていた予備選挙は、大平の圧勝に終わった。決選投票での混乱を避けるため、予備選での勝利を信じていた福田は、一位が一〇〇点以上の大差をつけた場合には、本選挙を実施すべきではないと予備選前から主張していた。そして、その条件によって本戦に臨むことを断念せざるを得なくなった。「天の声にも変な声がたまにある」というのが、本選辞退の福田の言葉であった。

保守政権基盤の動揺

しかし、この結果は、大平内閣には大きな重荷となった。翌年一〇月、内閣支持率の上昇を受けて、衆議院を解散して総選挙に臨んだが、自民党は二四八議席で前回同様の惨敗であった。事前に二六〇議席は堅い、あるいは二七八議席は見込めるなどの観測があり、楽観ムードのなかで候補者が乱立し共倒れしたことなどが原因であった。そして、大平内閣が財政再建のために一般消費税の導入を公約として掲げたことも、支持を失った要因であった。

総選挙の結果を受けて、自民党内では福田・三木・中曽根の各派が大平首相の政治責任を追及し、退陣を迫った。両者の対立は容易に打開の道を見出すことができず、反主流派は議会における首班指名では福田に投票することを申し合わせた。

一一月六日、衆議院本会議の投票結果は、大平一三五票、福田一二五票であった。そして決選投票の結果、大平が選ばれた。参議院では大平と社会党飛鳥田《あすかた》一雄《いちお》の決選投票となり、大平が選出された。田中派の支持が勝敗を決めた。こうして第二次大平内閣が誕生したが、自民党内の対立は、翌年五月に社会党が提出した内閣不信任案に自民党員多数が欠席して可決されるという事態を生んだ。「ハプニング解散」であった。社会党は予定されていた参議院選挙前に気勢を上げるだけのつもりだったという(前掲『日本政治史4』)。

予想外の不信任案可決のため、六月に衆参同時選挙が行われた。この参議院選挙の公示日(五月三〇日)直後に大平首相は入院し、六月一二日に容態が急変して死去した。田園都市構想などの新しい政策を提唱する一方、モスクワ・オリンピックのボイコット問題でアメリカに同調し、石油危機下の東京サミット(一九七九年六月)を議長国として乗り切ってから一年足らずであった。

同時選挙において、連合政権構想で対抗しようとしていた野党は選挙戦途中から連携がとれなくなり、「弔い合戦」を叫んだ自民党は三六議席増の二八四議席を獲得する圧勝となった。選挙後、鈴木善幸《ぜんこう》が自民党総裁に選ばれた。鈴木は「カネを一銭も使わないで総裁になったのは、僕がはじめてじゃないか」とのちに述べているが、知名度の低い鈴木の登場に、アメリカのメディアから「Zenko who?」と書かれた。金権体質の自民党政治のなかで、派閥抗争から生まれた無名内閣は、二年余りで退陣した。そのあとは、中曽根康弘が継ぐことになった。

田中の退陣から、三木、福田、大平、鈴木と短期間に次々と内閣が交替した。衆参同時選挙の時を除けば有権者の支持はそれほど高くはなかったが、政権交替の理由とされたのは、公式には、総裁予備選挙や総選挙などの選挙結果であった。しかし、政権交替をもたらした真の要因は、必ずしも有権者の声ではなかった。むしろ、自民党内の果てしのない派閥間の抗争が原動力となった。そして抗争に明け暮れる自民党に対して、選挙のたびに有権者は交替を求めた。しかし、物価問題をはじめとして生活の安定を求める国民の声は届かなかった。自民党内の争点は政策にはなかったからである。

もちろん、福田が安定成長を持論としたようにそれぞれの政治的なスタンスは異なっていた。しかし、かつてのように、「軽武装・経済重視」と「再軍備・社会安定」というような明確な路線対立は見出せなくなっていった。そうしたなかで生まれた中曽根内閣は、イギリスのマーガレット・サッチャー政権やアメリカのロナルド・レーガン政権が標榜した新自由主義の国際的な潮流に乗りながら、「戦後政治の総決算」をスローガンに掲げた。その政策の基本的特徴は、「経済重視」であると同時に、「再軍備」を視野に入れるというものであった。

財政再建が問題となっている時期に、防衛費のGNP一%枠を外すことが唱えられたのは、中曽根内閣のそうした特徴の一面を示していた。高度成長期の防衛力整備は、五七年五月の

「国防の基本方針」、同六月の「第一次防衛力整備三カ年計画」以来、三年ないし五年の中期計画として推進され、第四次防衛力整備計画時点では、日本はすでに西側諸国の中で第七位の国防費支出の規模に達していた。それにもかかわらず、より一層の防衛力増強を目論み、アメリカへの武器技術供与などで対等な関係を築こうとした中曽根内閣は、かつてとは異なるレベルで「再軍備」と憲法改正への意欲を保守政権が持ちはじめたことを意味した。しかも、アメリカと同様に、防衛費への制約を小さくするためにも、社会保障費などの圧縮を含めて「小さな政府」を目指すものであり、実質的には二つの軍事大国が目指していた「小さな政府の大きな軍隊」と同じ道を辿ろうとするものであった。それは、社会的給付が小さくなるのに対応して、国民の租税負担が軽くなるわけではなく、五〇年代半ば以降に改進党・民主党系の鳩山や岸が「再軍備」と「社会的安定」を目標とし、「大きな政府」を志向したのとは、明らかに異なる路線であった。

こうして、中曽根内閣は、それまでの自民党内の政策的潮流とは異なる方向へと舵を切りはじめた。これがこのあと、二一世紀にかけて重大な政治的争点となった。

行財政改革と財政再建

八〇年代の自民党政権の政策課題のなかでもっとも優先されたのは、行財政改革であった。そのため、臨時行政調査会(臨調)が新設される一方、政府は八二年度予算から概算要求枠を前年度比での伸び率を原則ゼロとする「原則ゼロ・シーリング」を閣議決定した。この方式は、翌八三年度には、原則として「五％削減する」という初のマイナス・シーリングに強化された。

他方、八二年七月末、臨調は第三次答申（基本答申）を提出し、国鉄、電電、専売三公社の分割・民営化、省庁統廃合などの懸案事項を網羅した意見を明らかにし、財政危機を乗り切るためには、「増税なき財政再建」という基本方針を確認する必要があることを提言した。

このような方針が出された背景には、ロッキード事件以来、金権体質を批判され、選挙基盤が弱体化していたために、自民党政権は、財政再建策として消費税導入などの抜本的な税制改革を提案することが難しく、その結果、法人税の臨時増税などによって財政収支のつじつまを合わせようとしてきたという事情があった。これに対して、財界は政府への批判を強めていた。法人の税負担を軽減するためには、新税の導入が難しいとすれば、歳出の削減以外に方策はなかった。八〇年代末に消費税の導入が実現したことが示すように、行財政改革が、間接税の増税に消極的であったわけでも、視野に入れていなかったわけでもなかった。だから、「増税なき財政再建」とは、正確には「法人増税なき」財政再建という意味であった。

この方針に沿って、中曽根首相は、「静かな改革の最重要課題は行財政改革の断行である」との所信に基づき、行政改革を内政の最重要課題に据えた。そのため、総理府と行政管理庁を総務庁に統合し、三公社の民営化、一般歳出のマイナス・シーリングを推進した。

さらに、中曽根首相は八四年九月に、首相の私的諮問機関であった「経済政策研究会」(座長・牧野昇《まきののぼる》)の報告書に基づいて、「民間活力の培養」を重要な政策課題として実現するため、開発規制の緩和、国公有地の開放などの規制緩和を行った。この考え方は、臨時行政改革推進審議会(会長・土光敏夫《どこうとしお》)による規制緩和の答申に「簡素で強力な政府」という形で反映された。

アメリカとの貿易摩擦調整

八五年一月の日米首脳会談後、中曽根首相は、閣議でアメリカ向けの市場開放策をまとめるように指示し、通信機器など五分野における輸入手続きの簡素化や、技術や品質に関する基準認証制度の改善などを思い切って進めるよう指示した。さらに四月九日に中曽根首相は、テレビ中継を通じて異例の「国民への呼びかけ」を行い、「自由貿易体制を維持するためには、日本市場を〈原則自由、例外制限〉で極力開放する必要がある」と訴えた。輸入に対する政府の規制を極力減らし、消費者の選択と責任にゆだねることに理解を求め、輸入拡大のため「国民一人が一〇〇ドルずつ外国製品を多く買って欲しい」とも呼びかけた。わずか二〇年ほど前までは、外貨不足のために経済政策運営が常に不安をかかえ、成長にブレーキがかけられていたことを考えれば、経済大国日本の地位は隔世の感のある様変わりであった。

さらに、一〇月には首相の私的諮問機関として「国際協調のための経済構造調整研究会」(座長・前川春雄)を発足させた。この研究会の報告が、その後の経済政策のあり方に大きな影響を与える「前川レポート」であった。

前川レポートが纏《まと》められた背景には、八〇年代における日本の特徴的な国際的地位があった。石油価格高騰に端を発したインフレを抑制するため、金融引締策を長期にわたって継続した欧米諸国は、ゼロ成長やマイナス成長、高い失業率と物価上昇率に悩まされていた。なかでもアメリカの金利は第二次世界大戦後の最高水準となり、公定歩合は一四%、大手銀行に対する上乗せ率を含むと一八%に達した。世界的な高金利は、各国経済に強いデフレ圧力を及ぼしただけでなく、非産油発展途上国の金利支払い負担の増大による累積債務問題をもたらすなど、世界経済に悪影響を与えていた。

こうしたなかで、日本に対して欧米諸国から世界経済の先頭に立って経済発展を牽引することが求められた。そのためには、輸出依存度を下げ、内需中心の経済拡大が求められていた。「前川レポート」はそのための処方箋であった。こうして政府は、自動車の対米輸出自主規制などの措置とともに、内需拡大と規制緩和によって輸入増加を促して、対日批判をかわそうと努めた。日本国内の細かな規制が、諸外国から貿易の障害となる「非関税障壁である」との批判があったからである。そして、規制緩和は「小さな政府」の理念にも合致していた。

経済拡大の原動力となっている輸出への影響を極力避けるためには内需拡大は適切な選択であった。とくに、国際市場で存在感を増していた日本の大企業(自動車、電気機械などの加工組立型の機械工業企業など)にとって、輸出規制より内需拡大の方が望ましかった。

プラザ合意と円高対策

アメリカ政府は、八五年九月二二日にニューヨークのプラザ・ホテルで開催された先進五カ国蔵相会議(G5)で、それまでの為替レートへの不介入方針を大きく改めることを表明した。これに基づいて、G5参加各国はドル高是正のために協調介入することになった。それまで、貿易摩擦の原因が輸出国側の不公平な取引慣行にあると主張してきたアメリカが、貿易不均衡の解消には通貨調整が必要であることを認めたのである。こうして合意されたG5の方針(プラザ合意)により、円の対ドルレートは二カ月後の一一月二五日には二〇%円高の二〇〇円を突破し、その後も上昇を続けた。

そのため日本経済は急激な円高に翻弄され、これへの対応に追われることになった。しかし、その反面で国内では、八六年になると「財テク」(財務テクノロジー)という言葉が市民権を得たことに示されるように、膨大な余剰資金を抱えた企業が本業以外の投資に積極化した。円高対策として財政面からの景気浮揚策と低金利政策が推進されたことが、その背景にあった。列島改造ブームのなかでニクソン・ショックを和らげるためにとられた円高対策が過剰流動性を招いたことを思い出せば、このような政策選択には少なからぬ危険がはらまれていた。

円高不況の予測のなかで設備投資に消極的であった企業は、内外で調達した資金によって財テクに走った。八七年一〇月にニューヨーク株式市場を襲った「ブラック・マンデー」(暗黒の月曜日）の大暴落などにもかかわらず、同年二月の日本電信電話（ＮＴＴ）株の上場によって呼び起こされた株式ブームは、右肩上がりの経済成長を期待するように、とどまることを知らないマネーゲーム＝バブル経済へと導くことになった。

一九八八年度版『経済白書』は、「日本経済は八五年秋からの円高不況を克服した」と宣言し、内需主導型の経済成長を実現したと強調した。景気回復の過程で、製品輸入が増加して経常収支黒字が縮小したほか、雇用情勢が改善し、物価が安定するなど、経済のバランスもよくなった。円高不況ではなく、円高好況であった。

拡大基調の日本経済に対して、政府は日米関係の緊張を避けるため、内需拡大政策を維持し、投機的な価格上昇に懸念があっても、金融の引締めを逡巡した。それが、バブルへの最後の扉を開けた。その間、強い円を背景として八九年にはソニーがコロンビア・ピクチャーズ・エンタテイメント社を、三菱地所がロックフェラー・グループ社を買収した。アメリカ国内の対日批判はますます強まっていくばかりであった。アメリカの魂を買ったと批判されたこの事件は、国内で発生していたバブルの対米輸出の一コマであった。

経済大国の陥穽

エズラ・ヴォーゲルの『ジャパンアズナンバーワン』（ティビーエス・ブリタニカ）が原著の刊行と同じ年に翻訳出版されたのが、七九年のことであった。そして、翌年の『経済白書』は、その副題に「先進国日本の試練と課題」とつけた。それまで、

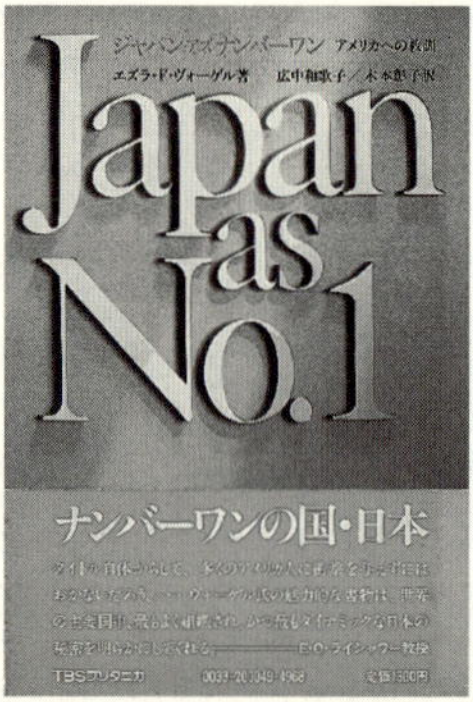

エズラ・F・ヴォーゲル『ジャパン アズ ナンバーワン』(広中和歌子・木本彰子訳，ティビーエス・ブリタニカ，1979 年)

日本政府は、日本経済の「後進性」を問題にし、経済の近代化・合理化が必要だと熱心に説いていた。貿易自由化や資本自由化などに際して、遅れた日本がそうした問題に対応することがいかに困難な課題であるかを、誰もが考えさせられた。経済発展に必死に取り組んでいた時代には、日本人は「エコノミック・アニマルだ」と哀れみをもって言われ、訪欧した池田首相は「トランジスターのセールスマン」と揶揄《やゆ》された。それから三〇年あまりのち、日本に自動車のセールスマンのようなアメリカ大統領が来日した。

世界がドルと石油の大きな嵐に翻弄されているなかで、日本はいつのまにか先進工業国の先頭グループにいると見られるようになった。先頭グループというだけではなく、ナンバーワンだといわれた。このような評価が生まれたのは、七〇年代にスタグフレーションに沈み込んだ先進工業国のなかで、日本が最も早くに経済成長の軌道へ戻ることに成功し、物価の安定を果たし、その産業の強い国際競争力によって、世界市場での存在感を増したからであった。それが貿易摩擦を生んだが、そのような力強さが、国際的に注目され、日本経済の強さの秘密が問題とされた。無駄を省き、柔軟な多品種大量生産を実現したトヨタ生産方式などの優れた生産方式が称賛されただけでなく、それまでは遅れた労働慣行とみられていた企業別組合、終身雇用、年功賃金などの制度も重要な要素と評価されるようになった。「カイゼン」や「ケイレツ」は「カラオケ」などとともに国際的に通用する日本語となった。

日本人にとって面はゆいこの評価に、いつのまにか、日本人の感覚も変わっていった。マスコミも、経済評論家たちも、示し合わせたかのように「先進国のなかでの優等生日本」を称賛する論調で話し始めた。

そして、強い日本企業の経営を任されている人たちのなかに、おごりが生じた。その間隙に泡だつ投機の誘惑が確実に浸透した。政府の経済政策は、それにもかかわらず、あまりにも無警戒だった。彼らの関心は、対米協調の維持と物価などの経済活動を不安定にさせるような要因を除去することであった。七〇年代初めの土地投機が深刻な社会問題になったことは忘れ去られていた。対米協調のためには内需拡大が必要であり、少ない財源でも国内投資や消費が拡大するように誘導する必要があった。経済の回復によって、国の借金の比率も少しずつ改善されていた。株や土地の価格上昇も、資産効果によって消費拡大をもたらすと、「前向き」に解釈された。だから、すべてが「順風満帆」だった。再び、経済成長がすべての問題を解決し、日本をより豊かな社会に導いてくれるように見えた。そして、経済大国と呼ばれたことによって生じたおごりのなかで、バブルに足下をすくわれることになった。

バブルの基盤には、個々の経済主体が際限なく自らの利益追求に走る姿があった。総和としての国民総生産の増加、つまり経済成長は、個々の経済主体の利益が増加することで実現すると考えられるようになった。成長には活力が必要だとも言われ、利益追求に歯止めのない社会が出現した。

たしかに、完全雇用の実現や二重構造の解消という政策課題を、弊害を伴いつつも、経済成長は基本的に解決してきた。そのことを日本人は、成長率の低下に直面するとともに強く意識するようになった。こうして経済成長は神話となった。そして、八〇年代後半に再び高成長経済を夢見て、泡沫《うたかた》を追いかけた。

しかし、経済成長を目指した時代には、成長それ自体が目的だったわけではなかった。鳩山内閣の経済自立五カ年計画が五%成長を目標としたのは、未だに広範に残っていた雇用の不安や潜在的な失業を解決していくことが必要だったからである。そうした目的を失ったとき、成長は自己目的化し、日本は成長の神話を追いかけ続けることになった。

あとがき

高成長経済という観念が時代の産物にすぎないとの主張が本書の底流にある。五六年の『経済白書』の表現を借りれば、八〇年代初めに私たちは、「もはや高成長の時代ではない。われわれは異なった事態に直面している。成長を通じての豊かさ追求の余地は使い尽くされた。限られた資源のもとで、環境を保全し、節度ある生活を維持するため、分配の公正さが求められる」と認識すべきだった。それができなかったのがなぜなのかをこれからも考えていきたい。

シリーズの一冊として「高度成長期を書かないか」とのお誘いを受けた時には、滅多にないチャンスだとありがたく思う一方で、戦後経済史をまとめれば、というくらいの気軽さで引き受けた。

しかし、その見通しは甘かった。最初の執筆者会議に私が出した、戦後経済史を想定した目次案は、編集委員の皆さんから、あっさり却下された。通史として、政治史や社会史などもっと広い視野で考え直すようにということだった。だから、本書は、私にとっては「プランB」

に基づいて、専門外の事項にもできる限り言及するようにしてまとめたものである。

とはいっても、求められる範囲が広すぎた。私の専門領域は近代経済史で、戦後史ではないから経済のことだっておぼつかない。とりあえず、『朝日年鑑』を順番に読んで、メモをとっていくことにした。この作業は意外に面白かった。流行語とか世論調査とか、ベストセラーとか、メモはたくさんできた。ただ、それを生かし切るだけの力はなく、ほとんどがお蔵入りになった。結局、書いたものの守備範囲は政治・経済史にとどまった。公害問題など不十分となった問題や、時代とともに変わる子どもたちの姿など書きたかった題材があとに残った。

その限られた範囲でも、たくさんの先行研究などに寄りかかっている部分がとても多いにもかかわらず、注記は十分ではない。いちいち記さなかった部分でも、参考文献に挙げた研究に教えられている。読者の皆さんが、そのなかの一冊でも手にとっていただければと思う。

あとがきの末尾に、「原稿が遅れてご迷惑をおかけした」と書かないですむようになりたい、といつも思っているのだが、本書もそれができなかった。いつになるかわからない原稿を根気よく待ってくださった編集部の上田麻里さんに、心から感謝したい。

二〇〇八年三月

武田晴人

岩波新書新赤版一〇〇〇点に際して

ひとつの時代が終わったと言われて久しい。だが、その先にいかなる時代を展望するのか、私たちはその輪郭すら描きえていない。二〇世紀から持ち越した課題の多くは、未だ解決の緒を見つけることのできないままであり、二一世紀が新たに招きよせた問題も少なくない。グローバル資本主義の浸透、憎悪の連鎖、暴力の応酬――世界は混沌として深い不安の只中にある。

現代社会においては変化が常態となり、速さと新しさに絶対的な価値が与えられた。消費社会の深化と情報技術の革命は、種々の境界を無くし、人々の生活やコミュニケーションの様式を根底から変容させてきた。ライフスタイルは多様化し、一面では個人の生き方をそれぞれが選びとる時代が始まっている。同時に、新たな格差が生まれ、様々な次元での亀裂や分断が深まっている。社会や歴史に対する意識が揺らぎ、普遍的な理念に対する根本的な懐疑や、現実を変えることへの無力感がひそかに根を張りつつある。そして生きることに誰もが困難を覚える時代が到来している。

しかし、日常生活のそれぞれの場で、自由と民主主義を獲得し実践することを通じて、私たち自身がそうした閉塞を乗り超え、希望の時代の幕開けを告げてゆくことは不可能ではあるまい。そのために、いま求められていること――それは、個と個の間で開かれた対話を積み重ねながら、人間らしく生きることの条件について一人ひとりが粘り強く思考することではないか。その営みの糧となるものが、教養に外ならないと私たちは考える。歴史とは何か、よく生きるとはいかなることか、世界そして人間はどこへ向かうべきなのか――こうした根源的な問いとの格闘が、文化と知の厚みを作り出し、個人と社会を支える基盤としての教養となった。まさにそのような教養への道案内こそ、岩波新書が創刊以来、追求してきたことである。

岩波新書は、日中戦争下の一九三八年一一月に赤版として創刊された。創刊の辞は、道義の精神に則らない日本の行動を憂慮し、批判的精神と良心的行動の欠如を戒めつつ、現代人の現代的教養を刊行の目的とする、と謳っている。以後、青版、黄版、新赤版と装いを改めながら、合計二五〇〇点余りを世に問うてきた。そして、いままた新赤版が一〇〇〇点を迎えたのを機に、人間の理性と良心への信頼を再確認し、それに裏打ちされた文化を培っていく決意を込めて、新しい装丁のもとに再出発したいと思う。一冊一冊から吹き出す新風が一人でも多くの読者の許に届くこと、そして希望ある時代への想像力を豊かにかき立てることを切に願う。

（二〇〇六年四月）

武田晴人

1949年生まれ
東京大学大学院経済学研究科博士課程単位取得退学
現在－東京大学名誉教授
専攻－経済史
著書－『日本の歴史 19 帝国主義と民本主義』(集英社)
『談合の経済学』(集英社)
『日本経済の事件簿』(新曜社)
『財閥の時代』(新曜社)
『日本人の経済観念』(岩波書店)
『仕事と日本人』(ちくま新書)
『高成長期日本の産業発展』(東京大学出版会)
『日本経済史』(有斐閣)
『日本帝国主義の経済構造』(東京大学出版会) ほか

高度成長
シリーズ 日本近現代史⑧　　岩波新書(新赤版)1049

2008年4月22日　第1刷発行
2025年1月24日　第15刷発行

著　者　武《たけ》田《だ》晴人《はるひと》

発行者　坂本政謙

発行所　株式会社 岩波書店
〒101-8002 東京都千代田区一ツ橋 2-5-5
案内 03-5210-4000　営業部 03-5210-4111
https://www.iwanami.co.jp/

新書編集部 03-5210-4054
https://www.iwanami.co.jp/sin/

印刷製本・法令印刷　カバー・半七印刷

ISBN 978-4-00-431049-5　　Printed in Japan

索　引

あ 行

か 行

た 行

な 行

は 行

ま 行

や・ら・わ行

略年表

年	日本	世界
1954年(昭和29)	3 第五福竜丸，ビキニ環礁で被爆．日米MSA協定調印 4 造船疑獄で指揮権発動 6 防衛庁設置法，自衛隊法公布 12 第1次鳩山一郎内閣成立	6 周恩来・ネルー「平和五原則」発表 7 ジュネーブ協定成立
1955年(昭和30)	1 政府，総合経済6カ年計画決定 2 日本生産性本部設立 7 共産党，六全協 8 第1回原水爆禁止世界大会開催．石炭鉱業合理化臨時措置法公布 10 社会党統一大会開催 11 保守合同により自由民主党成立 ＊この年，春闘始まる	4 アジア・アフリカ会議開催 7 ラッセル＝アインシュタイン宣言発表．ジュネーブで四大国巨頭会談
1956年(昭和31)	10 日ソ国交回復交渉妥結 12 日本，国連加盟．石橋湛山内閣成立	2 フルシチョフ，スターリン批判 10 ハンガリー事件発生
1957年(昭和32)	1 熊本大学医学部，水俣病の原因は新日本窒素の排水に原因と発表 2 第1次岸信介内閣成立 6 第1次防衛力整備3カ年計画 10 政府，独占禁止法審議会設置	3 EEC条約調印 10 ソ連，人工衛星打上げ成功
1958年(昭和33)	5 長崎国旗事件発生 10 日教組，勤務評定反対のため「非常事態」宣言	5 中国共産党，大躍進路線決定
1959年(昭和34)	4 安保阻止国民会議第1次統一行動 9 伊勢湾台風来襲 12 三井鉱山，指名解雇通告，三池争議始まる(60年9月妥結)	1 キューバ革命 3 チベットの反乱 8 北朝鮮帰還に関する協定調印

1960年(昭和35)	1 日米安全保障条約調印．民主社会党結成 4 ソニー，トランジスタテレビ発売 6 新安保条約自然承認．閣僚会議，貿易為替自由化計画決定 7 第1次池田勇人内閣成立 10 浅沼稲次郎社会党委員長刺殺 12 政府，国民所得倍増計画決定	4 ソウルで李大統領退陣要求デモ(四月革命) 12 西側20カ国OECD条約調印．南ベトナム民族解放戦線結成
1961年(昭和36)	6 農業基本法公布 7 国民協会設立．第2次防衛力整備計画決定 10 新道路整備5カ年計画閣議決定	8 東ドイツ，ベルリンの壁構築 9 非同盟諸国首脳会議開催
1962年(昭和37)	5 新産業都市建設促進法，石油業法，各公布．大日本製薬，サリドマイド系睡眠薬の出荷停止 10 全国総合開発計画決定	10 キューバ危機 11 LT貿易開始
1963年(昭和38)	1 ライシャワー米大使，原子力潜水艦の日本寄港を申し入れ 2 IMF理事会，日本の8条国移行勧告(64年4月移行) 7 中小企業基本法公布	8 米英ソ，部分的核実験停止条約調印 11 ケネディ米大統領暗殺
1964年(昭和39)	4 OECD加盟 10 東京オリンピック開催 11 第1次佐藤栄作内閣成立．公明党結成	3 国連貿易開発会議開催 10 中国核実験成功
1965年(昭和40)	1 中教審「期待される人間像」発表 4 ベ平連，初のデモ 5 証券恐慌発生 6 日韓基本条約調印．家永三郎，教科書検定違憲訴訟をおこす 11 戦後初の赤字国債発行	2 米，北爆開始 6 アルジェリアでクーデター 9 印パ両国，カシミールで軍事衝突
1966年(昭和41)	2 春闘共闘委，物価メーデー開催 5 米原子力潜水艦，横須賀寄港 7 閣議，新東京国際空港の建設地決定 ＊この年，政府与党の不祥事相次ぐ	8 中国，文化大革命勝利祝賀の紅衛兵100万人集会

1967年 (昭和42)	4 美濃部亮吉，都知事に当選 6 閣議，資本取引自由化基本方針決定 8 公害対策基本法公布	7 EC発足 8 ASEAN結成
1968年 (昭和43)	6 大気汚染防止法公布 12 佐藤首相，非核三原則言明 ＊この年，大学紛争激化	3 ソンミ村事件 4 プラハの春 5 パリ五月革命
1969年 (昭和44)	5 政府，新全国総合開発計画決定．東名高速道路開通 11 日米首脳会談，沖縄返還で合意	1 ベトナム和平拡大パリ会談 7 アポロ11号月面着陸に成功
1970年 (昭和45)	3 大阪千里で万国博覧会開催．新日本製鐵成立 6 日米安全保障条約自動延長 11 三島由紀夫，割腹自殺	10 チリ，アジェンデ政権成立 12 西独・ポーランド関係正常化条約調印
1971年 (昭和46)	6 沖縄返還協定調印 7 環境庁発足 12 スミソニアン協定により1ドル＝308円	8 米，ドル防衛政策発表 10 中国，国連復帰決定
1972年 (昭和47)	1 日米繊維政府間協定調印 3 連合赤軍浅間山荘事件 5 沖縄本土復帰 6 田中角栄『日本列島改造論』刊行 7 第1次田中角栄内閣成立	2 ニクソン訪中 5 SALT戦略兵器制限条約調印 9 日中国交回復
1973年 (昭和48)	2 円，変動相場制へ移行 8 金大中事件発生 11 トイレット・ペーパー騒動発生．政府，石油緊急対策要綱決定 12 国民生活安定緊急措置法，石油需給適正化法，各公布	1 ベトナム和平協定調印 10 第4次中東戦争はじまる．OAPEC，石油戦略発動
1974年 (昭和49)	2 石油闇カルテル事件摘発 10 田中首相，金脈問題で辞意表明 12 三木武夫内閣成立	1 田中首相，東南アジア訪問，反日暴動発生
1975年 (昭和50)	1 福井県美浜原子力発電所放射能もれ 11 公労協，スト権スト突入	11 第1回先進国首脳会議開催

1976 年 (昭和 51)	2 ロッキード事件問題化 5「三木おろし」工作活発化 7 田中前首相逮捕 10 政府，防衛計画の大綱決定 12 福田赳夫内閣成立	3 韓国，民主救国宣言 4 第 1 次天安門事件発生 9 毛沢東死去
1977 年 (昭和 52)	7 漁業水域 200 カイリ実施．文部省，「君が代」を国歌と規定 11 第 3 次全国総合開発計画決定	8 中国，文革終了と 4 つの近代化政策発表
1978 年 (昭和 53)	8 日中平和友好条約調印 10 閣議，元号法制化決定 11 日米安保協議委，日米防衛協力のための指針決定 12 第 1 次大平正芳内閣成立	4 アフガニスタンでクーデター，親ソ政権成立 5 初の国連軍縮会議開催
1979 年 (昭和 54)	1 大平首相，一般消費税導入示唆 4 グラマン疑惑で，日商岩井副社長逮捕 6 東京で先進国首脳会議開催 10 自民党反主流派，大平退陣要求，以後，長期の党内対立継続	2 イラン革命，第 2 次石油危機 3 米スリーマイル島で原発事故 12 ソ連，アフガニスタン侵攻
1980 年 (昭和 55)	1 社・公両党，連合政権構想合意 2 自衛隊，環太平洋合同演習参加 5 JOC，モスクワ五輪不参加決定 7 鈴木善幸内閣成立	5 韓国，光州事件 8 ポーランド労組，連帯結成
1981 年 (昭和 56)	3 臨時行政調査会初会合 5 対米乗用車輸出自主規制	
1982 年 (昭和 57)	7 中国，日本の教科書検定に抗議 11 第 1 次中曽根康弘内閣成立	6 米ソ戦略兵器削減交渉開始
1983 年 (昭和 58)	2 老人保健法施行 10 東京地裁，田中元首相に実刑判決	9 ソ連，大韓航空機を撃墜
1984 年 (昭和 59)	12 自民党防衛力整備小委員会，防衛費の GNP 1% 枠見直しの提言を決定	9 全斗煥韓国大統領来日
1985 年 (昭和 60)	4 NTT，JT 民営化 7 中曽根首相，軽井沢セミナーで「戦後政治の総決算」を主張	9 G5，プラザ合意

参考文献

本文のなかで言及した文献をはじめ執筆にあたって参考にしたものを掲げた．その他，ここでは紙数の関係からいちいち挙げないが，多くの文献に教えられた(各章ごとに刊行年代順に配列)．

全体を通して

朝日新聞社編『朝日年鑑』各年版

経済企画庁調査局編『資料・経済白書 25 年』日本経済新聞社，1972 年

飯田経夫ほか『現代日本経済史』筑摩書房，1976 年

毎日新聞社『1 億人の昭和史』6-9，1976 年

香西泰『高度成長の時代』日本評論社，1981 年

柴垣和夫『昭和の歴史 第 9 巻 講和から高度成長へ』小学館，1983 年

高度成長期を考える会編『高度成長と日本人』1-3，日本エディタースクール出版部，1985-86 年

中村隆英『昭和経済史』岩波セミナーブックス，1986 年

升味準之輔『日本政治史 4』東京大学出版会，1988 年

通商産業政策史編纂委員会・通商産業省編『通商産業政策史』第 5・6・8 巻，通商産業調査会，1989-91 年

松尾尊兊『日本の歴史 21 国際国家への出発』集英社，1993 年

橋本寿朗『戦後の日本経済』岩波新書，1995 年

経済企画庁編『戦後日本経済の軌跡』経済企画庁，1997 年

吉川洋『20 世紀の日本 6 高度成長』読売新聞社，1997 年

橋本寿朗『戦後日本経済の成長構造』有斐閣，2001 年

河野康子『日本の歴史 24 戦後と高度成長の終焉』講談社，2002 年

はじめに

経済安定本部(経済審議庁・経済企画庁)『経済白書』各年版

林周二『流通革命』中公新書，1962 年
増田弘「公職追放解除の影響」中村隆英・宮崎正康編『過渡期としての 1950 年代』東京大学出版会，1997 年

第 1 章

清水慎三『戦後革新勢力』青木書店，1966 年
岸信介・矢次一夫・伊藤隆『岸信介の回想』文藝春秋，1981 年
広瀬道貞『補助金と政権党』朝日新聞社，1981 年
清水慎三「三池争議小論」清水慎三編著『戦後労働組合運動史論』日本評論社，1982 年
日本銀行百年史編纂委員会編『日本銀行百年史』第 5 巻，日本銀行，1985 年
筒井清忠『石橋湛山』中央公論社，1986 年
笹子勝哉『政治資金』社会思想社，1988 年
川名英之『ドキュメント 日本の公害』第 4 巻，緑風出版，1989 年
橋本寿朗「一九五五年」安場保吉・猪木武徳編『日本経済史 8 高度成長』岩波書店，1989 年
原彬久『岸信介——権勢の政治家』岩波新書，1995 年
吉野源三郎『平和への意志』，同『「戦後」への訣別』岩波書店，1995 年
中村隆英・宮崎正康編『過渡期としての 1950 年代』東京大学出版会，1997 年
兵藤釗『労働の戦後史』上下，東京大学出版会，1997 年
後藤田正晴『情と理』上下，講談社，1998 年
平井陽一『三池争議』ミネルヴァ書房，2000 年
原彬久『戦後史のなかの日本社会党』中公新書，2000 年
中北浩爾『一九五五年体制の成立』東京大学出版会，2002 年
中村隆英・宮崎正康編『岸信介政権と高度成長』東洋経済新報社，2003 年
村井淳志「勤務評定」佐々木毅ほか編『戦後史大事典——1945-2004』三省堂，2005 年
佐道明広『戦後政治と自衛隊』吉川弘文館，2006 年

第2章
伊藤昌哉『池田勇人 その生と死』至誠堂，1966年
チャーマーズ・ジョンソン『通産省と日本の奇跡』矢野俊比古監訳，ティビーエス・ブリタニカ，1982年
重兼芳子『女房の揺り椅子』講談社，1984年
天野正子・桜井厚『「モノと女」の戦後史』有信堂高文社，1992年
加瀬和俊『集団就職の時代』青木書店，1997年
林雄二郎編『新版 日本の経済計画』日本経済評論社，1997年
関口裕子ほか『家族と結婚の歴史』森話社，1998年
エコノミスト編集部編『高度成長期への証言』上下，日本経済評論社，1999年(1984年，毎日新聞社刊行の復刻版)
星野進保著『政治としての経済計画』日本経済評論社，2003年
レトロ商品研究所編『国産はじめて物語』Part 1・Part 2，ナナ・コーポレート・コミュニケーション，2003-04年
植田浩史『シリーズ・現代経済の課題 現代日本の中小企業』岩波書店，2004年
石井寛治編『近代日本流通史』東京堂出版，2005年
佐々木聡『日本的流通の経営史』有斐閣，2007年

第3章
日本出版労働組合協議会『教育・文化の国家統制と軍国主義化』日本出版労働組合協議会，1966年
宮崎義一『戦後日本の経済機構』新評論，1966年
宇井純『公開自主講座第3学期3 公害原論』亜紀書房，1971年
レイチェル・カーソン『沈黙の春——生と死の妙薬』青樹簗一訳，新潮文庫，1974年
暉峻衆三編『日本農業史』有斐閣，1981年
村田栄一「修学」前掲『高度成長と日本人』1
青木昌彦・小池和男・中谷巌『日本企業の経済学』ティビーエス・ブリタニカ，1986年
橋本寿朗『日本経済論』ミネルヴァ書房，1991年
法政大学産業情報センター・橋本寿朗・武田晴人編『日本経済の

発展と企業集団』東京大学出版会，1992 年
吉川洋『日本経済とマクロ経済学』東洋経済新報社，1992 年
金東祚『韓日の和解』東建彦訳，サイマル出版会，1993 年
有沢広巳監修『昭和経済史』中，日経文庫，1994 年
相沢幸悦『日銀法二十五条発動』中公新書，1995 年
武田晴人『日本経済の事件簿』新曜社，1995 年
草野厚『山一証券破綻と危機管理』朝日新聞社，1998 年
池明観『日韓関係史研究』新教出版社，1999 年
暉峻衆三編『日本の農業 150 年』有斐閣，2003 年

第 4 章

久保田晃・桐村英一郎『昭和経済六〇年』朝日新聞社，1987 年
菅孝行『高度成長の社会史』農山漁村文化協会，1987 年
笹子勝哉『政治資金』(前掲)
岩井奉信『「政治資金」の研究』日本経済新聞社，1990 年
新崎盛暉『沖縄現代史』岩波新書，1996 年
鈴木正仁・中道實編『高度成長の社会学』世界思想社，1997 年
玉井金五・久本憲夫編著『高度成長のなかの社会政策』ミネルヴァ書房，2004 年
御厨貴・中村隆英編『聞き書 宮澤喜一回顧録』岩波書店，2005 年
中島信吾『戦後日本の防衛政策』慶應義塾大学出版会，2006 年

おわりに

エズラ F. ヴォーゲル『ジャパン アズ ナンバーワン』広中和歌子・木本彰子訳，ティビーエス・ブリタニカ，1979 年
三橋規宏・内田茂男『昭和経済史』下，日経文庫，1994 年